Heinrich Albertz, 1915 in Breslau geboren, war 1939–1941 Pfarrer der Bekennenden Kirche, was zur Verhaftung führte. 1941–1945 war er Soldat, danach in Niedersachsen und Berlin politisch tätig und zuletzt, 1966/67, Regierender Bürgermeister von Berlin. Anschließend war er als Pfarrer in Schlachtensee tätig. 1981 schrieb Heinrich Albertz »Blumen für Stukenbrock«, woraufhin er zum Mitglied des PEN gewählt wurde.

Vollständige Taschenbuchausgabe 1987
Droemersche Verlagsanstalt Th. Knaur Nachf., München

Lizenzausgabe mit freundlicher Genehmigung des Kindler Verlags, München

Umschlaggestaltung Adolf Bachmann
Umschlagfoto Studio Schmatz
Druck und Bindung Elsnerdruck, Berlin
Printed in Germany 5 4 3 2 1
ISBN 3-426-02362-8

Heinrich Albertz:
Die Reise

Vier Tage und siebzig Jahre

Knaur

Inhalt

Erster Teil

Tage

Priebus

31. 8. 1984. Eine zerstörte Brücke. Hinter mir ein fast verfallenes Dorf mit einer alten Schrotholzkirche. Vor mir verwachsenes Uferland auf beiden Seiten eines kümmerlichen Rinnsals – der Görlitzer Neiße, Friedensgrenze zwischen der Deutschen Demokratischen Republik und der Volksrepublik Polen, seit Solidarność für jeden normalen Verkehr zwischen Deutschen (Ost) und Polen gesperrt. Hinter dem Ufer, drüben also, im jetzt Polnischen, in vielleicht einem Kilometer Entfernung, im Sonnendunst auch eine Kirche, ganz allein, ohne Ort, nichts, nur diese Kirche. Mühsam, finde ich mich zurecht: Priebus hieß die winzige Kleinbürgerstadt, zu der die Kirche gehört. Priebus gibt es nicht mehr, im Frühjahr 1945 wurde der Ort völlig zerstört. Schwere Kämpfe haben hier in den letzten Tagen des Krieges stattgefunden, die einzigen ernsthaften, sagt man mir, an der Südflanke der Abwehrschlacht um Berlin. Nun ist hier alles verkommen, auf beiden Seiten.
Ich stehe mit dem Pfarrer der Brüdergemeinde von Niesky am äußersten Rand der Zerstörung, schon jenseits des Grenzpfahls, und schaue hinüber. Dort war ich vom April bis Oktober 1938 ein halbes Jahr Lehrvikar der Bekennenden Kirche bei einem Pastor, der wohl nur zu dieser Gemeinschaft ohne eignes Risiko gehörte, um eben einen Vikar zu erhalten – dick und faul war er, und der junge Mann nahm ihm alle Arbeit ab für 100 Reichsmark im Monat und freie Station und lernte bei ihm nichts und doch alles, indem er ins Wasser geworfen wurde und schwimmen mußte. Eine kleine Stadt wie jede andere, einige stramme Nazis, alle andern Mitläufer. Die Abstimmung für den Anschluß Österreichs und damit für Hitler ergab vier Gegenstimmen. Nur *ein* wirklicher Mensch wohnte dort, der jüdische Arzt, den man merkwürdigerweise noch arbeiten ließ. Bei ihm saß ich fast jeden Abend. Wir leerten seinen Weinkeller – »damit

ihn nicht andere austrinken«. Im November wurde er von einem ortsfremden SA-Kommando durch die Straßen in die Vernichtung getrieben. Keine Hand rührte sich. Auch nicht die des Pastors – hat man mir später erzählt.
Nun ist nichts mehr da. Kein Haus, keine Menschen, nur die einsame, langsam verfallende Kirche. Mit Brettern vernagelt. Über die Brücke weht ein kalter Wind, Wind in der Sonne, Wind ins Gesicht. Wir stehen und frieren. Der Pastor aus Niesky ist besonders unglücklich darüber, daß es auch auf der deutschen Seite so trostlos aussieht. Auf der polnischen ja – aber hier »bei uns«?
Das also ist es, aufs brutalste vorgestellt: das Ergebnis der Verbrechen Hitlers und unseres Volkes, der bleibenden Angst, des verlorenen Friedens, Wüste im Jahre des Heils 1984. Deine Vergangenheit. Deine Gegenwart. Morgen und Abend.
Hier wohl, an diesem grausamen Nachmittag, merkwürdigerweise, kam ich auf die Idee, noch einmal nach Breslau zu reisen, das heute Wroclaw heißt. Zwar habe ich es schon dreimal besucht. Aber diese Begegnungen mit der alten, neuen Stadt waren ausgefüllt mit offiziellen Terminen. Nie war wirklich Zeit, nachzuschauen: in die Ecken der Kindheit, der Schüler- und Studentenjahre, der ersten Wohnung mit Frau und Kind. Allein wollte ich reisen. Keine polnischen Freunde besuchen. Mich nicht genieren, auf die Wege der Tausende zu treten, die seit den Ostverträgen die »alte Heimat« wiedersehen wollten, nicht mehr und nicht weniger – warum nicht?
Und dann aufzuschreiben, vielleicht drucken zu lassen, was ich sah und erlebte, wiederfand und verloren habe – ohne ein Schlesienbuch zu schreiben, die es im Dutzend gibt.

1.9. 1984. Ich bin gefahren, vier Tage. Ich sitze wieder zu Hause an meinem Schreibtisch in West-Berlin. Heute ist der 1. September. Der Tag, an dem Hitler »zurückschießen« ließ und mit seinem mörderischen Überfall den Zweiten Weltkrieg auslöste. Der 1. September, an dem ich vor einem Jahr in Mutlangen die Sonne aufgehen sah, vor dem Raketenlager der Amerikaner auf deutschem Boden, das nun bestückt worden ist zur »Sicherung des Friedens«. Die neue, alte Lüge wie vor 45 Jahren. Der 1. September, an dem 1980 Polens Regierung und die Arbeiter von Danzig und Stettin ihren Vertrag schlossen, der nun untergegangen ist in der Unvernunft, der Maßlosigkeit, der Unregierbarkeit eines Landes, das sich durch die Schuld seiner Nachbarn 150 Jahre nicht selbst regieren durfte. Damals, am 1. September 1939, als das neue, unermeßliche Unheil für Polen begann, hörten wir am frühen Morgen die Stukas über den Breslauer Vorort, in dem wir wohnten, hinwegdonnern nach Osten mit ihrer tödlichen Last. Vor drei Wochen sah ich Opperau, das nun Oporow heißt, heil wieder. Die Bäume, die jung waren wie unser Kind, überwölben die Häuser nun wie ein grüner Dom. Doch davon später, später.

Ist es Aberwitz, eine verfremdete Vergangenheit zu besuchen in der Hoffnung, sie ließe die fremden Hüllen fallen und stünde wieder da wie in den nächtlichen Träumen? Ja, alle meine Träume sind, nun zurückgespiegelt über 60, 50 Jahre, in Breslau angesiedelt, im Haus der Eltern, im Pfarrhaus der Hofkirche, im Hauptbahnhof. Es sind fast immer Angst- und Verfolgungsträume: zu spät zur Schule zu kommen, einen Zug nicht zu erreichen, eingezogen zu werden, zur Vernehmung zu müssen. Werde ich sie loswerden, wenn ich sehe, die Häuser stehen gar nicht mehr? Nun: Das Polizeipräsidium, Ort immer neuer Vernehmungen, steht noch, ist wieder Hauptquartier der Polizei, oder noch. Das Justizgebäude, Ort meines Prozesses vor dem Sondergericht, auch – und ist es bis heute. Die Macht wechselt nur die Farben, Uniformen, Talare, aber sie hält sich. Konstant.
Aberwitz? Sentimentalitäten? Mehr als ganz privates Erinnern? Vergessen?

9. 10. 1984. Ich habe einen Vertrag mit Helmut Kindler unterschrieben. Aus diesen Blättern soll ein Buch werden. Ein Termin für die Abgabe des Manuskripts ist gesetzt. Der unbedingt notwendige heilsame Zwang für mich, den Bequemen. Nun also. Ein Jahr schreiben. Das letzte, was man noch tun kann, weil das Reden schwer wird und das Reisen lästig.
Vor ein paar Jahren habe ich ein kostbares Geschenk erhalten: das »Deutsche Kursbuch, Gesamtausgabe der Reichsbahnkursbücher, Winter 1937/38, Preis 2,50 RM«. Ein Fotodruck des letzten Friedensfahrplans vor dem Überfall auf Österreich, also noch in den Grenzen von 1937, jener Fiktion, mit der heute noch das Bundesverfassungsgericht arbeitet. Es ist ein aufregendes Buch für einen, der Kursbuch lesen kann. Nicht nur, weil er die Weite des »Reiches«, genauer gesagt, Preußens spürt, von Eydtkuhnen bis Aachen, sondern weil alle Strecken auf Berlin zulaufen wie auf eine Spinne im Netz. Und weil er Züge und Zeiten vergleichen kann. Heute fährt man um 6.43 in Berlin Zoo ab und ist um 17.00 Uhr in Breslau. Damals ging ein Zug um 7.30, er war um 12.15 am Ziel.
Den Umschlag des alten Buches ziert das Hoheitszeichen der Hitler-Diktatur mit einem großen Hakenkreuz. Ich habe es nicht überklebt. Denn über die Schienen im Winter 1937 fuhren zwar noch nicht die Güterzüge mit gequälten Menschen nach Auschwitz, aber genügend Wagen in andere Lager, Gefängnisse, Zuchthäuser. Zur Erinnerung, bitte.

Die Hinfahrt

Aber nun ist es 1984. Ein kühler Morgen in einer blassen Sonne. In dem langen Zug, der von Aachen kommt, gibt es zwei Wagen nach Warschau. Die erste Klasse ist leer, in der zweiten drängen sich Polen, die mit ungezähltem Gepäck zurück in die Heimat fahren, nach Verwandtenbesuchen, nach Montagearbeit, jedenfalls beladen mit den Gütern des

Westens. Der Bahnhof Berlin Zoologischer Garten. Ich sehe hinunter auf die Hardenbergstraße. Der Berufsverkehr läuft in vollen Touren. Der Gestank der Autos reicht herauf bis zum Bahnsteig.
Ich fahre tatsächlich nach Polen. Allein. Ohne Einladung und ohne Programm. Ein paar Leute erkennen mich und wundern sich – »nicht mit dem Wagen, dem Flugzeug?«. Nein, so, langsam. Der Zug fährt an. In zehn Minuten bis zur ersten Grenze.
Exkurs über die Teilung: Ich habe mich noch nicht an sie gewöhnt. Jedesmal, wenn die Züge – der Fernzug, die S-Bahn – in die große Kurve hinter dem Lehrter Stadtbahnhof einbiegen, den Reichstag und die zerfallene Kongreßhalle zur Rechten und den Fernsehturm (Ost) schon vor Augen, und die Sperrgitter auftauchen und die Wachtürme, der ganze absurde »Schutzwall« der DDR gegen Flucht und unerwünschte Personen vom Westen, frage ich mich, soll das dauern für Kinder und Kindeskinder? Verächtlich: »Ost-Berlin« und doch die Hauptstadt der DDR. Wir ein Outpost der reichen Bundesrepublik, zu ihr gehörend wie kein anderes Bundesland aus Überzeugung und Überlebensangst und doch nicht ihr Bestandteil. Letztes nun wirklich besiegtes Stück Deutschland. Hermetisch eingemauert. Nichts mehr »offen«. Die ganze unsägliche Debatte der langen Monate nach einem nüchternen Satz von Hans Apel und einem ehrlichen des italienischen Außenministers Andreotti.
Ich, ein überzeugter Anhänger der These, daß nichts ins Rutschen kommen darf in Zentraleuropa, sonst stürzen wir in den Abgrund des endgültig letzten Krieges. Ich, ein Vorkämpfer der Anerkennung des andern deutschen Staates mit allen Konsequenzen, weil nur eine stabile, selbstbewußte DDR die Balance des Friedens halten kann. Ich, der ich die Erpressung verurteile, die jetzt wieder in Prag der Botschaft meines Landes angetan wird, der ich bereit bin, Vereinbarungen zu treffen, die solche Nötigung in Zukunft

verhindern. Nein, ich gewöhne mich nicht. Es schmerzt, es wird bis zum Tode schmerzen, wenn ich über die Grenze fahre und die »Organe« des andern Staates den Zug betreten, höflich und korrekt, aber mit lauten Stiefeln, in ihren gutsitzenden Uniformen ohne ein Stäubchen auf dem feldgrauen Tuch: »Die Pässe bitte.«
Das alles bleibt absurd in dieser geteilten Stadt. Wie es für die andere Seite absurd bleibt, daß auf einem Straßenschild in Potsdam zu lesen ist: nach Berlin 51 km. In Wirklichkeit sind es zwei – nach Wannsee in Berlin (West). Aber gemeint ist natürlich die Hauptstadt, und West-Berlin ist und bleibt ein Pfahl im Fleisch der DDR – sollen wir darüber vergnügt sein? Aber in Wirklichkeit hat sich die Gewöhnung durchgesetzt. Und wiederum: Gott sei Dank, kann man nur sagen, wenn ich an das Jahr 1962 zurückdenke, als ich, nach dem Tode von Peter Fechter, die Mauer mit Westberliner Polizei gegen meine empörten Mitbürger schützen mußte.
Nein, mein Herz ist zerrissen, wenn der Zug in »Friedrichstraße« hält. Wieder sehe ich die Straße. Wieder Berufsverkehr. Wieder Gestank. Auch meine Stadt. Fast vertrauter als der Westteil, weil die alten Bauten nun wieder stehen, in neuer Schönheit. Das Ensemble im Herzen Berlins, die wirkliche Mitte, die der Kurfürstendamm ja nie gewesen ist.
Also bleibt nur unser alter Ansatz der 60er Jahre, als die ersten Passierscheine ausgegeben wurden. So nah beieinander bleiben wie möglich. Sich nicht loslassen. Sich besuchen. Miteinander reden. *Ein* deutscher Staat ist nicht nötig. Aber Grenzen wie anderswo auch. Grenzen, die man nicht spürt, die nicht schmerzen, wie in Basel Badischer Bahnhof, wie in Salzburg. Wie zwischen Schweden und Norwegen. In beiden Richtungen. Utopien? Es ist die Grenze zwischen Nato und Warschauer Pakt. Ich weiß es. Es ist die Grenze zwischen Kapitalismus und realem Sozialismus. Ich weiß es. Es ist die Grenze zwischen Gewaltenteilung, Pressefreiheit, ge-

wählten Abgeordneten und »Volksdemokratie«. Ich weiß es. Aber es soll nicht mehr so schmerzen.
Der Zug ist längst im Ostbahnhof. Früher hieß er: »der Schlesische«. Der Zug bleibt weiter fast leer. Es fahren nicht mehr viele DDR-Bürger nach Polen.
Der D 245 fährt nun ins Land hinaus, das schmale Stück zwischen Berlin und Frankfurt/Oder, nur 82 km. So nah ist die polnische Grenze. Die Berliner Vororte Köpenick, Erkner. Die S-Bahn bleibt zurück. Hier sagte Mutter zu mir, wenn wir von Breslau kamen: »Schau, wir sind in Berlin.« Es stimmte nicht ganz. Aber die rot-weißen Züge waren die Boten der riesigen Stadt, Hauptstadt des Reiches.
Frankfurt/Main – Frankfurt/Oder. Wer denkt am Main an die Oder? Die Banker, wenn sie einen neuen Kredit auflegen für die DDR, zu guten, pünktlich gezahlten Zinsen und Tilgungsraten? Sonst irgendeiner? Frankfurt ist Frankfurt am Main. Postleitzahl 6000. Die andere Stadt, geteilt wie Berlin durch die Odergrenze zu Polen – versunken, vergessen. Dabei gibt es einen Zug von Frankfurt/Main nach Frankfurt/Oder. Er braucht nur zehn Stunden. Wenn er am Main auf dem Hauptbahnhof steht, denken die Hessen wahrscheinlich, man habe vergessen, die Schilder zu wechseln. Steht er an der Oder und die Rentner steigen ein zu ihren rationierten Besuchen, ist er ein Traumzug der Hoffnung.
Mein Zug steht eine halbe Stunde völlig sinnlos. Denn die Kontrollen finden im Zug statt. Auf dem Nebengleis ein sowjetischer Militärtransport, alte, verschmutzte Panzer. Die polnischen Beamten betreten den Wagen. Sie sind fröhlich und locker, ein legeres Gegenbild zu den grimmigen Deutschen (Ost). Auch der Mann zum Geldwechseln kommt. Ich werde ihn noch sehr genau kennenlernen.
Dann ruckt der Zug an, zögernd fast, und fährt langsam auf die Oderbrücke zu. Ich habe das Fenster geöffnet. Steifer Wind. Der breite, geliebte Fluß. Der polnische Doppeladler

am Ufer. Merkwürdig: Diese Grenze schmerzt nicht mehr. Ist sie schon verheilt? Oder ist einfach eingetreten, was man schon gleich nach der Befreiung von Hitler gesagt hat: Dies ist der Preis des Verbrechens an diesem gequälten Volk, des Entsetzens in Warschau und Lodz und Lublin. Der Preis für Auschwitz, 300 km nach Westen: die Polen aus Lemberg, die Deutschen aus Breslau. Nein, diese Grenze ist Geschichte. Unantastbar.

Ich muß aufpassen, daß dies kein Eisenbahnbuch wird. Hätte ich einen Wagen, wäre ich über die Autobahn nach Breslau gefahren, in drei bis vier Stunden. Aber da wäre nur Asphalt, keine Menschen, alles ginge viel zu schnell. Man muß Zeit haben auf einer solchen Reise, um seine Träume zu finden und wieder zu vergessen. In Frankfurt an der Oder verlasse ich ja die alte direkte Strecke nach Schlesien, südostwärts, sie ist noch unbequemer als der Umweg über Posen durch die Neumark. Es geht also steif nach Osten. Die Kontrollen sind vorüber. Ich sitze in einem belgischen Wagen. Er kommt von Ostende. Kein russisches oder polnisches Wort an den Tafeln. Französisch, Niederländisch, Englisch, Deutsch.

Vor 14 Tagen bin ich in Brüssel gewesen, zur »Berliner Woche«. Das Goethe-Institut hatte ausgerechnet mich zu einem einleitenden Vortrag über das heutige West-Berlin eingeladen – von der Springer-Presse auch prompt gerügt: »Dieser sonderbare Vogel.« Ja, sehr glatt ist es dort nicht zugegangen. Da hätten sie andere einladen müssen. Wie soll ich die Welt, in der ich lebe, anders darstellen, als auf fast jede Frage ja *und* nein antworten zu müssen? So eben auch jetzt in diesem Wagen von Ostende nach Warschau. Wie nah liegt es beieinander? Ein Pole hat gesagt: Für den Osten sind wir der äußerste slawische Westen, für euch der äußerste europäische Osten. Für Adenauer begann Asien schon an der Elbe. Das Land hat sich jedenfalls kaum verändert hinter der Oder. Die alte Mark Brandenburg hüben und

drüben. Der weite östliche Himmel hier und dort. Wer Europa an der Oder aufhören läßt, weiß nicht, wovon er spricht.
Freilich: Das nächste Erlebnis ist fast russisch. Jedenfalls, was das Zeitmaß angeht. Wir halten in Reppen. Ein nagelneuer, breiter Bahnsteig. Und nun beginnt, was jeden Jungen mit seiner Spieleisenbahn begeistern könnte: Es wird eine Stunde rangiert. Der Zug wird völlig auseinandergenommen. Kurs- und Schlafwagen nach Moskau kommen nach vorn, der Rest nach hinten. Wir werden unaufhörlich über die Gleise hin- und hergeschoben. Die Sonne scheint inzwischen. Man steigt aus, spaziert umher, schließt Wetten ab, wann es weitergehen wird, und ist ein fröhliches Volk, das Zeit hat, östliche Zeit, Polen, ein paar Deutsche, ein Franzose. Keine Hast, Rzepin, früher Reppen. Hier kreuzte sich die Ferienstrecke von Breslau nach Stettin mit der Ostbahn von Berlin nach Posen, Danzig.
Ferien. Ferien in Pommern.
Ich lasse mich von der Sonne bescheinen und denke daran. Wie ein süßer Traum fällt es über mich her. Die Dünen am Strand von Groß Möllen, einem kleinen Badeort ganz in der Nähe von Köslin. Der Resedaduft in den Pfarrgärten bei den unzähligen Verwandten, die alle Meinhof hießen. Das Grab des Vaters, der dort oben starb. Ich bin dort nie mehr gewesen. Vielleicht würde ich dasselbe erfahren, was mich nun, noch heute abend in Breslau, erwartet, die ganze Entfremdung der veränderten Welt, die Zerstörung der Träume. Nein, ich fahre dort nicht mehr hin. Mir reicht das andere. Das, was heute beginnen soll. Die Vergegenwärtigung der Gegenwart, der Abschied von gestern.
Leider schon wieder: Es war für den Jungen zunächst das große Eisenbahnerlebnis.
Um Mitternacht in Breslau in einem verbilligten Feriensonderzug, vierter Klasse, weil Mutter keine Pension bekam als »nachgeheiratete« Frau meines Vaters, aufrecht sitzend, die

Nacht. In Reppen muß dann schon die Sonne aufgegangen sein. Mittags war man am Ziel. Von der kleinen Hütte, in der wir wohnten, schon barfuß, eine letzte Straßenbiegung – und dann das Meer. Die gute alte Ostsee. Keine Côte d'Azur, keine Costa del Sol. Aber unvergeßlich schön. Das verlorene Paradies, so scheint es mir heute, dem alten Mann, nach 60 Jahren. Nostalgie? Natürlich, auch. Aber die tiefsten Schichten des Lebens, der Liebe, der Trauer.
Wir müssen einsteigen, Gott sei Dank, leider.

10. 10. 1984. Die Diskussionen über die Flüchtlinge in der westdeutschen Botschaft in Prag werden immer hektischer und unverantwortlicher. BILD fordert zu Fernsehaufnahmen der Erpresser auf, damit die DDR voll ins Flutlicht ihrer Blamage komme. Vielleicht hat ihr der ehemalige Chefredakteur dieses Blattes den Hinweis gegeben. Boenisch als Sprecher der Bundesregierung. Heinrich Böll hat die Courage gehabt, diesen täglichen Skandal noch einmal ans Licht zu ziehen, den doppelten: daß der Kanzler ihn berief und daß die Bundespressekonferenz ihn schweigend akzeptierte, auch die flinken und seriösen Damen und Herren der großen Zeitungen, diesen unsäglichen Mann. Aber in diesem Lande ist inzwischen alles möglich.

Die Fahrt macht müde. Um fünf Uhr aufgestanden. So viele Bilder, Erinnerungen, Schmerzen, Träume. Der Zug fährt nun schnell durch die große Ebene. Die Strecke ist seit einem Jahr elektrifiziert. Felder, kleine Dörfer, winzige Bahnhöfe. Die Ernte – Mitte August – nun schon eingebracht. Sie soll sehr gut gewesen sein in diesem Jahr. Wenigstens dies in allen polnischen Schwierigkeiten. Ich will nicht einschlafen, stehe im Gang, rauche meine Pfeife.
Da kommt ein bekanntes Gesicht. Der Mann, der mir in Frankfurt Geld gewechselt hat, freilich nun ohne sein Amtszeichen: *Orbis* – das staatliche Reisebüro. Er beginnt ein

Gespräch. Er habe gehört, ich wolle nach Wroclaw. Ob ich wisse, daß die innerpolnischen Züge wegen der Ferien hoffnungslos überfüllt wären. Ich würde, wenn überhaupt, ab Poznań nur stehend reisen können. Er würde mich gern die 170 km mit seinem Wagen von Poznań nach Wroclaw fahren, für 50 DM West. Der Staatsdiener also spekuliert mit dem Schwarzmarktkurs der Westmark. Er wird das Fünf- bis Zehnfache in seiner Landeswährung erhalten statt des amtlichen Kurses, für den er mir vor zwei Stunden in Uniform mein Geld von Staats wegen gewechselt hat. Aber er hat natürlich recht, was die überfüllten Züge angeht, ich sollte sie auf der Rückfahrt noch kennenlernen – und ich lasse mich auf sein Angebot ein. Eine Taxe von meiner Wohnung zum Flughafen Tegel kostet fast 30 Mark.
Nur: dies ist es eben. Die Polen scheinen immer noch nicht zu begreifen, daß sie eine eigne Regierung haben – wen immer: Gomulka, Gierek oder den General Jaruzelski, sie betrügen sie auch als Staatsdiener ohne jede Hemmung, und – eben dadurch überlebt das Land. Es ist alles, aber auch alles zu haben auf diesem riesigen polnischen Schwarzmarkt. Und die Regierungen wissen dies und dulden es, sonst wäre das Chaos noch größer. Und der Druck von unten. Ein unregierbares Land? Manche meinen dies. Aber wir Deutschen, Russen, Österreicher sollten die letzten sein, die sich darüber erregen. Wir haben Polen 150 Jahre lang gehindert, sich selbst zu regieren. Freilich, daß der Orbis-Mann ein besonders geschickter Schieber sein muß, erfahre ich erst in Posen, als er mich zu seinem Auto führt. Kein kleiner Fiat-Polski ist das, sondern ein großer Citroën. Ich sinke in ein tiefes Polster und werde wie ein Minister nach Breslau fahren und schäme mich nun doch ein bißchen.
Was ist mit unseren Erinnerungen? Dreimal bin ich in Breslau gewesen seit jenem Silvesterabend 1944, als ich, aus Oberschlesien kommend, zu meiner Truppenleitstelle nach Wien fuhr, wohl ahnend, es würde das letzte Mal die heile,

deutsche Stadt Breslau sein; 1969 auf Einladung der polnischen Regierung und dann zweimal im Zusammenhang mit den »Polnischen Wochen« in West-Berlin, die fast ausschließlich von Künstlern und Wissenschaftlern aus Wroclaw bestritten wurden. Nun war ich allein. Fuhr mit diesem seltsamen Auto auf die Heimat zu.
Die »Heimat«, das neue Schlüsselwort. Der Film, der so heißt, läuft nun schon in der achten Folge über die Fernsehschirme, in jenem fiktiven und doch so realen Ort im Hunsrück. Aber da sind immer die gleichen Häuser, unzerstört; anzuschauen, wie sie schon 1918 ausgesehen haben; dieselbe Familie immer in derselben Umgebung, die Herrscher wechseln, die Menschen bleiben. Der große, vollständige Bruch findet nicht statt. Keine Verfremdung. Dieselbe Sprache, in allen Wandlungen ändert sich genaugenommen nichts von Kaiser Wilhelm bis Kohl.
Hier fahre ich in den Bruch hinein – eigentlich merkwürdig unaufmerksam, solange wir noch im »Posenschen« sind, also jenseits der Grenze, die 1939 überfallen wurde. Lissa, die Stadt des Comenius, Rawitsch, dann nähert sich die Straße wieder der Bahnlinie – ich sehe ein Bahnhofsschild, das polnisch dem alten deutschen, aber sicher slawischen Namen Korsenz ähnlich ist. Das war die Grenze. Ich schließe einen Moment die Augen: Schlesien. Slask. Zu Hause. Zu Hause?
Es ist heiß im Zimmer, als der Hoteldiener meinen Koffer abstellt. Die Gardinen geschlossen, ich ziehe sie zurück, reiße das Fenster auf. Das Bild der Stadt, vom siebenten Stockwerk aus, breit und tief, liegt vor mir: St. Magdalenen, St. Elisabeth, das Rathaus, zu Füßen, winzig, die Christophorikirche, Versammlungsplatz für die Handvoll evangelischer Deutscher, die es noch gibt unter den 600000 katholischen Polen. Und der Himmel, aufgerissen, die Luft, Benzingestank, Kreischen der Straßenbahnen, auf dem großen, neuangelegten Platz – Pl. Dzieszyskiego –, anscheinend der

Stolz der Verwaltung, mit vielen Tunneln, aber häßlich. Doch ich kann über ihn hinwegsehen zu den Kirchen hin, auf das alte, unverwechselbare Panorama, das auch dem neuen Hotel seinen Namen gegeben hat. Ich stehe und sehe also über die Gegenwart hinweg in die Vergangenheit, meine Vergangenheit, das abgelebte Leben, damals, als der Ring noch Ring hieß und nicht Rynek. Ich bin ein bißchen taumelig, hungrig und durstig auch nach der langen Fahrt. Schnell waschen, hinunter ins Restaurant, zu dieser ungewöhnlichen Zeit am frühen Nachmittag essen, trinken, es gibt Bier, soviel man will, leicht und ungefährlich. Hinaus, hinaus, über, unter den lauten Platz in die alten Anlagen am Stadtgraben.

Da sitze ich nun. Neben mir auf den Bänken junge Mütter mit ihren Kindern, vielen Hunden. Die Leute kommen noch von der Arbeit, gehen zu ihrem zweiten oder dritten Job – den sie ja brauchen, um auszukommen mit ihren knappen Löhnen. Ich sitze, vor mir das Wasser, das Eis war, damals, als wir den Schlittschuhläufern zusahen, abends bei hellen Lampen und Johann Strauß – und gegenüber, jenseits des Grabens, die schön und genau restaurierten Jugendstilhäuser, ein Schild ist zu erkennen: »Deutsche Demokratische Republik – Generalkonsulat«. Konsul der Bundesrepublik in Wroclaw zu sein, denke ich einen Augenblick. Aber den gibt es nicht.

Ich schaue auf meine Füße. Der Rücken tut ein bißchen weh, und ich höre um mich herum die fremde Sprache, die wohllautend ist auch in ihrer Fremdheit, ein wenig singend, auch die Konsonanten, die vielen »s« und »z« und »cz«, noch tönend, wenn man nur genau hinhört. Da sind sie: die Kinder und Enkel der Auch-Vertriebenen, vertrieben wie wir, aus Galizien, dem Lemberger Raum, damals in eine zerstörte, ihnen völlig fremde Stadt, noch rauchend in den Trümmern, und im Rücken ihre verlorene Heimat und vor ihnen die ersten Stimmen der deutschen Revanchisten, unsi-

cher, ob sie bleiben würden, bleiben könnten. Auf den Koffern die Schlesier in Westdeutschland, auf den Koffern die Galizier in Schlesien. Eine absurde Szene.
Nun, das hat sich geändert. Für die zweite und dritte Generation ist das alte Breslau ihr Wroclaw. Ich bin ein geduldeter Fremder mit einem Visum für vier Tage. Sie sehen mich freundlich an, obwohl man erkennbar bleibt – am Tabak, den man raucht, den Streichhölzern und wohl auch am Blick, ein wenig irritiert, staunend, traurig. Ich sitze lange. Es wird langsam kühler. Soll ich noch zum Hauptbahnhof gehen? Zehn Minuten von hier, höchstens fünfzehn.
Es dauert länger. Ich gehe merkwürdig schleppend und angestrengt. Ja, das ist die richtige Straße. Nur breiter, mit viel mehr Verkehr, lauter als in der Erinnerung. Alles ist viel lauter. Der Bahnhof fast unverändert. Die Züge fahren noch von denselben Bahnsteigen in die gleichen Richtungen. Unvorstellbare Menschenmassen zur Ferienzeit auf den Treppen. Ich lasse mich treiben. Hier ging es nach Berlin, dort in die Ferien zur Ostsee, dort ins Landheim der Schule, hier fuhr der Zug ab mit der Einberufung in die oberschlesische Kaserne. Hier muß meine Frau im Januar 1945 mit zwei kleinen Kindern um die letzten Plätze in einem der letzten Züge gekämpft haben, die die zur Festung erklärte Stadt verließen.
Heute fröhliche Ferienkinder. Sie tragen die Uniform ihres Jugendverbandes und bunte Tücher, und einige Jungens schon die polnische Militärmütze auf dem Kopf. Es ist ihr Bahnhof. Und meiner auch? Der Schmerz beginnt langsam in den Hals zu steigen.
Ich komme sehr erschöpft ins Hotel zurück. Bestelle eine Flasche Wein aufs Zimmer. Versuche mich am Telefon. Werde ausgelacht von der Dame in der Zentrale – ob ich 48 Stunden auf das Gespräch warten wolle. Beginne zu trinken.
Das Fenster ist noch weit offen. Der Himmel hat eine rötli-

che Färbung angenommen, wird dann tiefblau und schwarz. Der Lärm läßt nach. Der Platz ist still – nur alle fünf Minuten eine kreischende Straßenbahn, die ganze Nacht – wohin fahren die Menschen?
Ich liege und versuche einzuschlafen. Der Alkohol wirkt. Die erste Nacht zu Hause – warum bin ich um Gottes willen hierher gefahren? Und schreibe es nun auch noch auf? Sentimentalitäten eines alten Mannes?
Schlaf, Schlaf, geliebter Freund des Vergessens. Mir fällt das Datum ein: Es ist der 13. August. Vor 23 Jahren schlief ich im Rathaus Schöneberg. Als Nachtwache. Die »Mauer«, der erste Stacheldraht waren einen Tag alt. Nein, schlafen. Werde ich morgen finden, was ich suche? Was suche ich?

16. 10. 1984. Die Pershing II sind militärisch völlig wertlos, ein rein politisches Prestigeobjekt, so zwei amerikanische Militärs, die es wissen müssen, vor aller Öffentlichkeit. Wir werden belogen und betrogen, ohne jede Scham, lächelnd und siegesgewiß.
Bischof Tutu hat den Friedensnobelpreis bekommen. Große Zustimmung überall, auch bei vielen, die das mörderische Regime in Südafrika nach Kräften unterstützen und damit ihr Geld verdienen.
Zum zweiten Mal ist der Präsident des Deutschen Bundestages ins Zwielicht geraten. Es ist, als ob man einen Schrank beiseite rückt und die Kakerlaken kriechen herum.
Und ich will bei all dem versuchen, an den Morgen zu denken, an dem ich in Breslau auf die Suche ging.

Im Frühstücksraum treffe ich ihn, den Mann, der mich für 30 Mark durch die Stadt fahren will, einen Vormittag lang, wohin ich will und sooft ich aussteigen möchte. Er besitzt ein neues Taxi, spricht gut Deutsch, kennt die alten Straßennamen, oft besser als ich, und ist offensichtlich auf solche Expeditionen eingerichtet. Es ist neun Uhr. Die Sonne wärmt schon. Ich habe einen Stadtplan auf den Knien. Ich kann es nicht ändern: Die ersten Gebäude, auf die wir zufahren, um die alte Schule zu suchen, sind das Polizeipräsidium und das Landgericht. In voller Größe erhalten – das erste in der Weimarer Republik gebaut, das zweite zu Wilhelms Zeiten im Tudorstil. Da stehen sie, unbeirrt, denselben Zwecken dienend wie eh und je, neben einem leeren Platz. Ja, der Polizeipräsident konnte aus dem eigenen Haus zuschauen, wie unmittelbar neben ihm die Synagoge abbrannte, von den SA-Horden angezündet, ohne daß der Brand gelöscht wurde, er wurde nur eingegrenzt, damit »arisches« Eigentum nicht beschädigt würde.

Die Polizei: ich habe sie kennengelernt in jenen Jahren. Ich weiß bis heute nicht, wie ernst sie uns eigentlich genommen hat, uns, die so leise rebellierenden Christen in der Bekennenden Kirche. Spitzel saßen in den Gottesdiensten und schrieben mit – man konnte sie also erkennen im Gegensatz zu den Leuten, die uns heute mit ihren Abhörgeräten zu überwachen pflegen. Martin Niemöller begrüßte sie jedes Mal höflich: »Meine Herren, die Sie mitschreiben müssen, und liebe Gemeinde.« Sie werden das meiste gar nicht verstanden haben – wie heute auch. Mir fallen unter vielem Vergessenen nur drei Beispiele ein: die Predigt am ersten Sonntag im Kriege über das »Sorget nicht« der Bergpredigt. Vorhalt bei der Vernehmung: wie man den Wehrwillen des Volkes so zersetzen könne. Eine Pfingstpredigt über den berühmten Auferstehungstext im Propheten Hesekiel. Das gab ein unvergeßliches Gespräch mit einem Kriminalbeamten, bei dem ich nicht sicher war, ob er aus Dummheit oder um mich zu schonen, einen Streit darüber begann, wie man den Namen des Propheten auszusprechen habe: Hesekiel (wie die Stadt Kiel), Heseki-el oder gar, wie ich ihn belehrte, Ezechiel. Er wurde immer aufgeregter – und ließ mich dann laufen. Bei jeder Vorladung nahm man ja die Zahnbürste und einen Schlafanzug mit. Der dritte Konflikt

führte dann zu dem Prozeß wegen »Heimtücke«. In eben jenem Landgericht, an dem wir nun langsam vorbeifahren. Die Polizei. Hätte sie jene technischen Mittel zur Verfügung gehabt, deren sich heute die Polizei aller Länder bedient, wäre das meiste, was wir sagten oder taten – es war wenig genug –, sehr gefährlich geworden. So gab es nur kurze Verhaftungen, manches entging ihrer Aufmerksamkeit, in vielen Fällen wurden auch beide Augen zugedrückt, zumal auf dem Lande draußen. Der Druck kam von der Partei, von den jungen Leuten im SD, dem Sicherheitsdienst. Unangenehm waren die Ausweisungen aus dem Wohnort oder einem ganzen Bezirk. Ich habe sie zweimal erlebt. Aber noch vor der Ehe – also in der Mobilität eines jungen Mannes, der sich schnell wieder zurechtfindet –, sozusagen im Zölibat, der sich ohne Zweifel damals bei den wenigen mutigen Priestern der katholischen Kirche bewährte.
Aber es blieb eben doch ein Schreckensbau, das Präsidium. Es würgte im Hals, wenn man eintrat, es war wie Sekt, wenn man es wieder verließ. Für die eigentlichen Opfer, Kommunisten, Sozialdemokraten und dann für Tausende von Juden, hat es den Charakter einer Zwingburg gehabt. Und der entscheidende Unterschied zu heute: Nichts war nachprüfbar, nichts zu veröffentlichen, alles war möglich. Und sosehr auch versucht wird, heute alles möglich zu machen, was die Staatsraison angeblich verlangt – der Vergleich zwischen damals und heute ist nicht zu ziehen. Es gibt elende Verhaltensweisen in der Polizei heute, rüde Grausamkeiten, eine Kameraderie, die bis zu Meineiden vor Gericht führen kann – aber es gibt keine Konzentrationslager. Es gibt Beschnüffelung und Bespitzelung und Torheiten wie den Namen Gustav Heinemanns in den Listen des Verfassungsschutzes, aber es gibt eben – noch – die Darstellung jedes dieser Skandale vor Millionen Fernsehzuschauern. Es gibt die Staatsschutzkammern bei den Oberlandesgerichten. Sie werden sehr darauf zu achten haben, daß sie nicht zu Sondergerichten werden.

Ich freilich stand im Herbst 1941 vor einem Sondergericht, dem ich die Ehre eines fairen Verfahrens nachrühmen kann. Auch das gab es. Der Anlaß war ein Relativsatz in einem Fürbittengebet für Martin Niemöller. Ich nannte seinen Namen mit vielen andern, mit dem Zusatz: »auf den Deutschland stolz sein kann und daß es noch solche Männer bei uns gibt«. Eine eher patriotische Floskel. Es brachte mir ein Verfahren wegen »Heimtücke« ein. Das war gefährlich. Es war auch schwierig, einen Anwalt zu finden, so schwierig wie heute in bestimmten politischen Prozessen. Die Öffentlichkeit war ausgeschlossen. Das Gericht, der Staatsanwalt, zwei Beamte der Gestapo, der Anwalt, und ich auf der Anklagebank, sehr allein. Der Strafantrag lautete auf zwei Jahre Zuchthaus. Das Gericht jedoch verurteilte mich nicht wegen »Heimtücke«, sondern wegen Vergehens gegen den guten alten »Kanzelparagraphen« des Otto von Bismarck zu nur zwei Monaten Gefängnis. Es erließ keinen Haftbefehl. Das Urteil war, wie immer bei Sondergerichten, rechtskräftig. Der Anwalt, selbst überrascht von diesem Ausgang, nahm mich sofort beiseite und riet mir, über die Straße ins Wehrbezirkskommando zu gehen und mich freiwillig zum Wehrdienst zu melden. Dort säße ein Major, der wisse Bescheid in solchen Fällen. Nur der Wehrpaß könne mich vor dem Zugriff der Gestapo retten. Wir hatten ja die Erfahrung mit Niemöller hinter uns, der nach einem ähnlichen Urteil sofort festgenommen worden war. Ich hatte in wenigen Minuten zu entscheiden.
Ich ging, unbehelligt von den beiden Beamten, über die Straße. Ich fand den Major. Paßbilder hatte ich bei mir. In einer Viertelstunde war ich »Soldat« mit einem gültigen Wehrpaß. Dem Zugriff entzogen. Ich weiß bis heute nicht, ob meine Entscheidung richtig und nötig war.
Drei Wochen später wurde ich eingezogen. Die Strafe habe ich 1943 in der Festung Glatz als Soldat abgesessen. »Auf der Rasierklinge«, wie es im Gefängnisjargon hieß. (Strafen

wurden nur ausgesetzt, wenn sie keinen politischen Hintergrund hatten. Glatz war wirklich nichts Böses, lange Geschichten gibt es da. Böse wäre die anschließende Überstellung in ein Strafbataillon gewesen. Sie wurde durch den General von Grolman verhindert.) Ich habe es unverdient gut gehabt.

Polizei und Gericht liegen hinter uns. Wir suchen die Schule.

Die Schule, ach Gott, die Schule! Das alte König-Wilhelm-Gymnasium – also noch nach dem preußischen König genannt und nicht nach dem Kaiser von Sedan. Sein Bild hing riesengroß in der Aula hinter einem pompösen Rednerpodest. Ob die Republik gut daran tat, diese Namen und Bilder zu erhalten, ist heute zweifelhaft. Aber die liberale Grundtendenz der Anstalt vermochte das alte Etikett nicht zu ändern. Denn die war spürbar, in einer Reihe unvergeßlicher Lehrer, durch die vielen jüdischen Mitschüler, durch einen fast freien Religionsunterricht, der meiner Mutter so frei war, daß sie mich einmal für ein Jahr abmeldete und ich plötzlich mit einigen Dissidenten zwei Freistunden in der Woche hatte. Ein humanistisches Gymnasium, sechs Stunden Latein in der Woche, ab Untertertia sechs Stunden Griechisch, nur zwei Stunden Englisch, unvornehm, es zu lernen.

Ein roter Backsteinbau. Die Kleinen im Erdgeschoß, die Primaner im zweiten Stock, so stieg man in jedem Sinn auf. Die Toiletten im Keller, sie dufteten trotz vieler Putzmittel durchs ganze Haus. Ich habe später, besonders als ich in Berlin Senatsdirektor für die Schulen war und die Stadt ja zunächst ganz feindselig gegen grundständige humanistische Gymnasien kämpfte, viel Ärgernis erregt, weil ich diesen Kampf nicht mitmachte. Wer nicht Lateinisch und möglichst auch Griechisch gelernt hat, kann unsere Welt im alten Europa nicht verstehen. Die Psychologen und Soziologen und Politologen, denen Psyche, Societas, Polis nie im Urtext be-

gegnet sind, bleiben arme Leute. Und sosehr mir die neuen Sprachen später gefehlt haben, ich würde auch heute wieder in ein Gymnasium gehen, ohne mich gegenüber den eignen Kindern und Enkeln in dieser Sache durchzusetzen.
Dazu hatten wir einen vorzüglichen Deutsch- und Geschichtsunterricht – preußische Geschichte freilich. Das Jahr 1415 war der Anfang, als der Burggraf von Nürnberg mit der Mark Brandenburg belehnt wurde. Lesen und Schreiben habe ich damals gelernt, wirklich Lesen und Schreiben. So wie dieses Manuskript, hingeschrieben und nichts Wesentliches mehr geändert. Die Klasse war eine Gemeinschaft, auch wenn es Cliquen gab und ich ein einzelner blieb. Ich habe nur einen Freund gehabt, ab Obersekunda, den Bruder meiner späteren Frau. Er fiel 1940 in Frankreich. Primus bin ich nie gewesen mit einer 5 in Mathematik. Aber so frei war meine Schule in Breslau, daß sie mich die letzten Jahre von diesem Schreckensfach praktisch befreite. Ich mußte teilnehmen, aber las Zeitung – und erhielt regelmäßig mein »Ungenügend«, das ja durch andre Zensuren ausgeglichen war. Im Abitur gab ich in der mathematischen Klausur ein leeres Blatt Papier ab und konnte fröhlich nach Hause gehen. Wenn ich mir das Ergebnis aller Schulreformen der letzten Jahrzehnte ansehe, das kafkaeske Schloß der Punktzählungen, die Pseudofreiheit der Oberstufe, komme ich immer wieder auf meine alten Erfahrungen zurück. Vielleicht verschönt die Erinnerung, das Schlechte vergißt man leicht. Aber daß wir damals selbstverständlich Thomas Mann, Georg Kaiser, Klabund und Shaw lasen, werde ich nicht vergessen.
Politisch lag die Linie der Lehrer zwischen Demokratischer Partei und Volkspartei. Deutschnationale und Nazis gab es nicht. Freilich wohl auch keine – erkennbaren – Sozialdemokraten. Ich bestand mein Abitur am 10. Februar 1933. Der Deutsch- und der Geschichtslehrer wurden wenig später entlassen.

Mich aber hatte der Sturm jener Tage zum Bösen hin ergriffen. Es ist unglaublich schwer, herauszufinden, wie es in dem 18jährigen Abiturienten damals aussah. Es war nur eine Frist von wenigen Monaten, bis ich Pfingsten 1933 in Spandau auf meinen Bruder Martin traf, der mich drastisch belehrte, worum es sich bei Hitler und seinen Kumpanen handelte: um Verbrecher. Aber es hat diese Monate gegeben. Ich kann es nicht verschweigen. Zwar habe ich miterlebt, wie die SA-Horden den letzten Oberpräsidenten von Schlesien, den Sozialdemokraten Lüdemann, johlend durch die Straßen trieben, ein Pappschild vor der Brust: »Ich bin der Volksverräter Lüdemann«. (Er war später als Ministerpräsident von Schleswig-Holstein ein väterlicher Freund von mir.) Aber ein solches Erlebnis und auch, daß zwei meiner jüdischen Kameraden sich verabschiedeten – die Eltern gingen ins Ausland –, konnte das Abgleiten nicht hindern. Die Massen auf den Straßen, die Fahnen, noch viele schwarz-weiß-rote, waren der deutschnationalen Mutter zunächst nicht unsympathisch. Zwar waren ihr die Nazis zu ordinär, aber da der hochverehrte und über allen Zweifeln erhabene Reichspräsident von Hindenburg Hitler berufen hatte in der Show von Potsdam, leistete sie keinen Widerstand, wenn ich auf den Straßen mitlief, mit erhitztem Gesicht, und das Singen und Schreien herrlich fand. Das humanistische Gymnasium hielt nicht stand mit seinen Bildungswerten und der Heidelberger Katechismus auch nicht, dessen erste Frage ich im Konfirmandenunterricht gelernt hatte: »Was ist dein einziger Trost im Leben und im Sterben?« Nicht Hitler jedenfalls, sondern Jesus Christus.
Am 1. Mai begann mein erstes Semester. Es wurde zur Studenten-SA zwangsverpflichtet. Herr Heines, der schlesische SA-Obergruppenführer, trat auf. Er wolle uns mit den »Scheißestampfern« vereinigen, so wörtlich. Womit er die Arbeiter auf den Rieselfeldern meinte. Ich habe mich, ohne irgendeine Schwierigkeit zu bekommen, noch vor Schluß

des Semesters still verdrückt. Aber immerhin, der 18jährige trug zwei Monate das Nesselhemd der Mörder.
Mein Bruder hat mir einfach und sehr energisch gesagt, worum es sich handelte bei den Nazis. Ich werde es ihm bis zu meinem Tode danken.
Die Schule, die Schule, wo ist sie?
Wir fahren über den Sonnenplatz.

19. 10. 1984. Es ist schwer, weiterzuschreiben. Die Zeitungen sind voll der widerlichen Barzel-Geschichte. Im Bundestag ist ein Abgeordneter ausgeschlossen worden, weil er gesagt hat, was überall nachzulesen ist: Die Plätze für die Karriere Helmut Kohls sind mit Millionenbeträgen für den »Sozialfall« Barzel freigekauft worden. Flick und die andern sorgen nicht nur für die Befreiung von ihren Steuern, sondern dirigieren, wer in dieser Republik welche Funktionen ausüben soll. Ein Lehrstück, das aus der Stamokaptheorie stammen könnte, nur viel massiver, als dort je ausgesprochen. Gekünstelte Empörung bei den Regierungsparteien nicht etwa über den cleveren Herrn Barzel, sondern über die, die aussprechen, was ist: ein Sumpf von Korruption wie in einer Bananenrepublik. Die SPD ist merkwürdig still. Was ist aus unseren Träumen geworden – denn die neue Demokratie sollte ja auch ein Stück neuer Redlichkeit möglich machen nach allem, was geschehen war. Nun schwindet die Glaubwürdigkeit von Skandal zu Skandal hinter den Horizont der Hoffnungen. Der einzige Trost: Es gibt noch Zeitungen, die die Dinge beim Namen nennen, Kommentare in Rundfunk und Fernsehen, die an Deutlichkeit nichts zu wünschen übriglassen. Der Präsident des Bundestages, Herr Barzel, wird zurücktreten müssen. Und wie lange der Kanzler noch lächelt, hängt von jedem ab, der noch ein letztes Gefühl für Sauberkeit hat. Und: Gott sei Lob und Dank, daß wir die Grünen haben. Ich werde jedenfalls vorsichtiger über die Korruption in Polen schreiben müssen. Unsere ist schwärzer.

Ich muß gestehen, wir haben die Suche nach der Schule sehr schnell aufgegeben. Denn da ist nichts mehr von der alten Sonnenstraße, schmal, mit den typischen Häusern der Jahrhundertwende – eine breite Fahrbahn plötzlich mit einer völlig neuen Bebauung, eine andere Stadt. Ein Phantom also, nur Erinnerung, Erfahrung, ein bißchen Trauer, ein bißchen späte Liebe. »Bitte fahren Sie weiter nach Süden.« – »Grabszynska?« – »Ja, bitte.« Gräbschenerstraße hieß das früher. Gleich müßten wir das Krankenhaus sehen, in dem meine Mutter gestorben ist. Es steht da, unversehrt, alt geworden, aber es steht. Wir fahren ganz langsam.

Wenn die Mütter sterben. Die Kühle dieses frühen Septembermorgens werde ich nie vergessen und die gläserne Einsamkeit. Ja, ich bin nie allein gewesen, so allein wie an diesem Morgen. Zwar ging die Tante Hannah neben mir, die die letzten Nächte am Sterbebett rührend mit mir gewacht hatte. Aber ich fühlte ihren Arm nicht. Ich weinte auch nicht. Die Tränen kamen erst im Bett, hemmungslos. Ich habe ja, solange ich denken konnte, damals mit dieser Mutter gelebt, nur mit ihr – und sie allein auf mich bezogen Tag und Nacht. Ich fiel ins Leere. Die Wohnung wurde binnen acht Tagen aufgelöst, um Miete zu sparen. Ich wurde zwar vorzeitig mündig gesprochen, ein Vormund hätte sich für ein halbes Jahr bis zu meinem 21. nicht gelohnt. (Der Unfug, junge Leute mit 18 Jahren für erwachsen zu erklären, war noch nicht über uns hereingebrochen.) Aber ich war ganz unmündig, wie ein aus seinem Nest gefallener Vogel. Ich muß dies bekennen. Die große Liebe dieser Frau hatte mich eingehüllt wie ein warmer Mantel. Nun fror ich. Fror eigentlich vier Jahre, bis ich wieder ein Zuhause hatte – das Haus, zu dem wir nun gleich fahren würden, wo das Leben wieder begann, nicht auf Koffern sitzend und in fremden Betten schlafend, sondern zu Hause mit meiner Frau und bald schon mit einem Kind.

»Wir können wieder schneller fahren.«

22. 10. 1984. Die Nachrichten aus dem Gruselkabinett der Regenten unserer Republik werden immer schlimmer. »Herrenausstatter« nennt die *Frankfurter Rundschau* Flick und seine Leute. Wen haben seine Familie und die andern Familien der deutschen Großindustrie schon alles ausgestattet! Auch den Mörder Hitler. Eine Zeitung wagt sogar, darauf hinzuweisen. Aber ein Zwischenruf im Bundestag, die Grünen benähmen sich wie die Nazis im Reichstag, bleibt ungerügt. Und daß Flick und die andern, fast ohne Unterbrechung, mit ihrem Geld Politik machen können, das Zusammenspiel der deutschen Rechten und der alliierten Sieger, vorweg der Amerikaner, bleibt unerwähnt. Sie waren es, die um den Preis der Wiederbewaffnung die Finanziers der Nazis vorzeitig aus den Gefängnissen ließen, zu weiterem munteren Treiben. Auch der Name Schleyer taucht wieder in den Akten auf.

Die Straße führt an den großen Friedhöfen im Süden der Stadt vorbei, über eine kleine Brücke bis in den Vorort, der zu deutschen Zeiten Opperau hieß – jetzt Oporow und in Wroclaw eingemeindet. Es ist noch früher Vormittag. Die Professoren, die jetzt hier wohnen, bescheidener als die deutschen, die wohnten anderswo, sind zu Hause. Sie machen sich in den Gärten zu schaffen. Es sind Semesterferien. Die Bäume sind noch ein Stück höher gewachsen als vor 15 Jahren bei meinem ersten Besuch. Verbergen die Türen, die Fenster fast vollständig. Ich spaziere wie ein Nichtstuer die Straße entlang. Suche das Haus 21. Die Nummer ist erhalten geblieben, und ich bleibe stehen.
Drei Jahre haben wir hier gelebt, aber nur drei Monate noch im Frieden. Nach zwei Jahren wurde ich einberufen. Aber immerhin, drei erste Jahre mit Frau und Kind.
Ich stehe vor der Gartentür. Der Gedanke, zu klingeln, kommt mir gar nicht. Ich sehe die Zimmer durch die Wände – welch ein Unsinn, wie mögen sie jetzt aussehen? Aber größer sind sie gewiß nicht geworden: ein Wohnzimmer, ein

Schlafzimmer, eine bewohnbare Veranda, eine kleine Küche, ein schmales Badezimmer mit einem Koksofen. Die alten Möbel, neu hergerichtet, aus dem Haus meiner Eltern, das große Bild des Vaters über meinem Schreibtisch, der Radioapparat, aus dem bald die Siegesfanfaren des Überfalls auf Polen, Dänemark, Norwegen, Frankreich und schließlich die Sowjetunion tönen sollten, schneidend und doch für viele wie süßes Gift. Das Kinderkörbchen für Ilsebill. Ich stehe. Die Haustür öffnet sich. Ein Mann geht in den Vorgarten. Ich gehe schnell weiter wie ein vertriebener Bettler, Hausierer, Hausierer eigner Träume. Die Post ist noch da, die alte Schule, in der wir Gottesdienst hielten. Der Fahrer wartet im Wagen. »Ich möchte nicht nach Lemberg zurück. Es ist zu traurig.« Verfremdete Heimat, heimatliche Fremde.

Jedenfalls haben wir hier die Nacht zum 1. September 1939 erlebt. Die Stukas dröhnten geschwaderweise über uns hinweg nach Polen. War das wirklich nicht zu verhindern? Wir lagen im Bett und fürchteten uns. Niemand lief auf die Straße und schrie. Die Pfarrer der Bekennenden Kirche, ja, auch sie, strömten zu Dutzenden zu den Fahnen, als Reserveoffiziere. Ich merkte es am eignen Leibe. Weil ich dem Friedhof am nächsten wohnte, hatte ich plötzlich zwei bis drei Beerdigungsfeiern zu halten, vor mir völlig unbekannte Familien, aus der ganzen Südstadt. Die deutschnationale Tradition der deutschen Protestanten hatte sich noch einmal glänzend bewährt. Sie fielen dann, wie aus keinem anderen akademischen Beruf, vor dem »Feinde«. Und soweit sie überlebten – ich weiß nicht, wie es den Oberleutnants und Majoren heute zumute ist. Wie es Helmut Schmidt wohl auch zumute war – zwei deutsche Regierungschefs am Werbellinsee, der eine Offizier, der andere, Erich Honecker, als Kommunist im Zuchthaus während des Dritten Reiches. Gott sei Dank wurde ich davor bewahrt, Offizier zu werden. Obergefreiter bin ich geworden, Weihnachten 1944. Die Of-

fiziere erhalten ihre Pension, während die Kommunisten in der Bundesrepublik sogar von jeder Wiedergutmachung ihrer Haftzeit ausgeschlossen sind. Mein Vaterland.
Aber hier bin ich in Polen. Ich frage mich manchmal, was hätte einer geantwortet, 1939 in Opperau, wenn ich gesagt hätte: Hier werde ich 1984 in Oporow stehen. Was hätte ich selbst geantwortet? Damals, vor allem nach dem Sieg über Frankreich, ist doch kaum einer von uns von der Versuchung verschont geblieben, den geringsten inneren, den schmalen, halbherzigen äußeren Widerstand aufzugeben. Ich erzähle das immer den jungen Leuten, die heute schon kapitulieren wollen – was hat es für Sinn, noch zu widersprechen, zu demonstrieren in diesem Lande, dieser Flickrepublik? Ein langer Atem war nötig. Aber vielleicht war er zu lang.
Schon beim Besprechen der Fahrtroute hat der Mann am Steuer – nennen wir ihn Carol – gesagt: »Nicht zum Friedhof, ist kein Friedhof mehr, ist Schwimmbad, lohnt sich nicht.« Nun, da ich noch einmal bitte, mich in die Straße zu fahren, wo sich der Friedhof mit dem Grab meiner Mutter befand, widerspricht er noch einmal: »Hat keinen Zweck, tut nur weh.« Ich bestehe auf dem Umweg. Und er hat schrecklich recht. Auf dem Gelände der Gräber erhebt sich ein scheußlicher Flachbau in grellen Farben – in den Ostblockstaaten werden ja alle Verirrungen westlicher Architektur nachgemacht –, es hätte auch ein Kino sein können oder eine Diskothek, aber eben hinter der Fassade mußten sie ja ein Becken ausgehoben haben. Und ich stelle mir vor, wie die Bagger in den Boden griffen, die Steine und die Gebeine umwühlten und in die Lastwagen warfen zum Abtransport, irgendwohin. Nun, 40 Jahre danach wird nicht mehr viel übrig gewesen sein von den Toten. Auch bei uns werden die Grabrechte aufgehoben nach so langer Frist. Da ist gar kein Vorwurf möglich. Was haben wir Deutschen mit den Toten getan, die wir ermordeten, Millionen – natürlich,

auch das halte ich mir vor. Aber es nützt nicht viel in diesem Augenblick. Da ist nur ein wilder Schmerz. Der Pole neben mir hat recht gehabt – wozu dies alles? Wozu diese Erinnerungen, Bilder, ein grünes Grab, still und friedlich, wozu? Gegenüber, auf der andern Seite der Straße, steht noch die alte Mauer, weißgetüncht, der jüdische Friedhof. Ihn haben sie grade in Ordnung gebracht, mit Geld von jüdischen Polen aus Amerika. Gott sei Dank. Das Grab von Ferdinand Lassalle ist so gerettet worden. Eine Delegation westdeutscher Sozialdemokraten hat es besucht und geehrt. Die östlichen Kommunisten wissen mit Lassalle ja nicht viel anzufangen.
Wir fahren weiter. »In die Hohenzollernstraße.« – »Ja, bitte. Zelazna.« Ich habe noch nicht genug.

25. 10. 1984. Der Rundfunk bringt die ersten Nachrichten über die Vernehmung des Rainer Barzel im Untersuchungsausschuß des Deutschen Bundestages. Er beteuert ungerührt seine Unschuld. Da haben sie nun wieder einen gegriffen aus dem Bonner Sumpf. Die andern sehen zu und versuchen, den Schaden zu begrenzen. So heißt das ja wohl heute. Ich soll gleich zweimal dazu etwas sagen. Merkwürdig, zu solchen »Sternstunden« der Nation kommen sie dann und bitten um Beiträge im Fernsehen und Rundfunk und in den Zeitungen. Was soll ich sagen? Das Übel sitzt doch viel tiefer, als es an diesem hochgekommenen Kleinbürger abzulesen ist. Und es ist nicht neu.

Das war nun die alte Südstadt. Hier ist von den Deutschen Haus um Haus in einem gnadenlosen Straßenkampf wochenlang gemordet worden. Der Führer und oberste Mörder hatte Breslau ja zur Festung erklärt, die um keinen Preis kapitulieren dürfe. Dieser sinnlose Kampf um die geliebte Stadt ist oft genug geschildert worden. Daß der Gauleiter Hanke, der sich schließlich feige verdrückte, die Befehle

Hitlers bis zur gröbsten Unmenschlichkeit auszuführen bereit war, Frauen und Kinder auf die eisigen Straßen der Flucht trieb, jeden Deserteur aufhängen ließ, ist nicht verwunderlich in der kriminellen Vereinigung, die uns damals regierte und deren Mitglieder heute noch unter uns sitzen und friedlich ihre Pension verzehren. Aber daß der verantwortliche General und seine Offiziere ihre Soldaten in den elenden Tod trieben – von einem sicheren Befehlsbunker aus –, auch nach dem Selbstmord Hitlers, und daß sie erst am 4. Mai auf immer dringendere Vorstellungen der Geistlichen beider Kirchen zu kapitulieren bereit waren, ist eigentlich noch viel schlimmer. Denn die angebliche Tapferkeit dieser feinen Herren war eine noch größere Feigheit als die des braunen Verbrechers. Sie hatten die Waffen. Sie hätten die irrsinnigen Befehle verweigern können, notfalls mit Waffengewalt. Das Kapitel der deutschen Generalität ist ein düsteres. Es stärkt nicht das Vertrauen zu denen, die heute die goldnen Sterne tragen.

Hier also steht nun die neue Stadt. Ich hatte sie schon einmal gesehen und war auf die totale Fremde vorbereitet. Seit meinem letzten Besuch sind auch noch die wenigen Häuser, an denen man sich orientieren konnte, abgebrochen worden und einige Straßenzüge neu verlegt. Es ist unmöglich, mehr als ungefähr den Ort von 20 Jahren Kindheit und Erwachsenwerden zu finden. Ich versuche es auch gar nicht. Der rührende Carol fährt immer wieder einen großen Kreis. Ich bitte ihn aufzuhören damit.

Kommentar im *Westdeutschen Rundfunk* am 27. Oktober 1984: »Nein, nicht über Rainer Barzel will ich nach allen Kommentaren der letzten Tage noch einmal reden – er tut mir trotz seines unsäglichen Verhaltens nun fast schon leid, wie ihn die andern feinen Herren im Regen stehen lassen, doch selber naß bis auf die Haut. Sondern von den verheerenden Wirkungen will ich sprechen, die durch die ganzen letzten Jahre, nun auf die Spitze getrieben, uns alle betreffen, jeden einzelnen Bürger, die Republik im ganzen, die vielberedeten Werte, von denen nach der sogenannten Wende so vollmundig die Rede war. Von der Fassungslosigkeit, die mich gestern befiel, als ich den Bundeskanzler hörte – als sei alles, was wir in diesen Tagen erlebt haben an elenden Geschichten, nur eine finstere Verschwörung von Staatsfeinden, die seine Regierung stürzen wollen. Ja, von wem alles: Grünen und Chaoten, Sozialdemokraten und Kommunisten, intellektuellen Spinnern und vor allem den Medien quer durchs Land, die doch nichts weiter getan haben, als in wachsender Betroffenheit die Tiefe des Sumpfes auszuloten, in dem die Verfassung, die wir uns gaben, zu versinken droht. Nicht die Mörder, sondern der Ermordete ist schuldig. Nicht die, die ihre Hände aufhalten, und die, die sie füllen. Die schon gar nicht, die sollten schon zweimal amnestiert werden, die Herren bei Flick und Oetker und Madaus – und wie sie alle heißen mögen und von denen einige, Flick voran, schon immer in offene Hände gegeben haben. Denen wir über die Schlotbarone an Rhein und Ruhr den Verbrecher Hitler als Reichskanzler verdanken und die Millionen Toten in ganz Europa. Eingesperrt wurden einige von ihnen und ganz schnell wieder freigelassen, weil man sie so dringend brauchte für Wirtschaftswunder und Wiederaufrüstung. Nun wirken sie ein auf fast alles, was in Bonn geschieht, frech und zur Schickeria dieses Landes gehörend, und es ist fein, sich mit ihnen sehen zu lassen. Wann wird das endlich aufhören?

Ja, die Wirkung ist verheerend. Seit Jahren versuche ich, vor allem jungen Leuten zu sagen, es sei nötig, in diesem Staat Verantwortung zu übernehmen, es sei sinnvoll, sich an den öffentlichen Dingen, der res publica, zu beteiligen, es sei vor allem sinnvoll, in die

großen Bürgerbewegungen für Frieden und den Schutz von Pflanzen und Tieren einzutreten, für die Zukunft unserer Kinder zu kämpfen. Und nun erweist sich, daß alle Theorien von der Abhängigkeit der Politik vom großen Kapital noch weit übertroffen werden von der Wirklichkeit. Da wird über das Ausweichen in die große Verweigerung gezetert, in bloße Protestaktionen, in unkontrollierbare Emotionen – und man selbst in den Glashäusern von Bonn, in den Festungsetagen der Großindustrie, der Banken und Versicherungen verhält sich wie in einem kommunistischen Lehrbuch über den Spätkapitalismus. Und wundert sich über die Erfolge der Grünen, geißelt und geifert wie die heilige Inquisition und spielt bis zum bitteren Ende den Gerechten.
Gebeten, hier ein persönliches Wort zu sagen, wie mir zumute ist in diesen Tagen, kann ich nur aussprechen, ich bin voll Trauer und Zorn. Ich habe eine große Sorge: daß wir trotz Weimar und Hitler nichts dazugelernt haben und daß die kommende Generation wieder wird fragen können, wie sie heute mich Alten fragt: Wie habt ihr das alles zulassen und aushalten können? Denn wenn nicht mehr zu erkennen ist, wer dieses Land regiert, die verfassungsmäßigen Organe oder Flick wg. Barzel, wg. Lambsdorff, wg. Nau, dann läuft uns das Volk endgültig weg – in die völlige Interesselosigkeit an den öffentlichen Dingen und in die eignen Geschäfte, die dann auch für den einzelnen Bürger sich Bonn zum bösen Beispiel nehmen können.
Und die Jungen – ich meine die, die noch nachdenken, die kritisch fragen, die sich engagieren wollen – werden nur noch Ekel und Verachtung übrig haben für die, die scheinbar alles aussitzen können, lächelnd, und ihre Sprüche hersagen, immer dieselben Sprüche. Und wer arbeitslos ist, wer mit einer schmalen Rente oder Pension zu leben hat, kann sich nur verhöhnt fühlen von

den Sozialfällen mit 6000 DM Monatseinkommen.
Wenn jetzt nicht ein letzter Versuch gemacht wird, den Augiasstall auszumisten, wenn jetzt weiter die Flicks und Brauchitschs zur guten Gesellschaft der Bundesrepublik gehören können, wenn jetzt noch niemand merkt, wie sich die Nachrichten der letzten Tage bei den Deutschen in der DDR auswirken – dann können wir die Hoffnung auf eine Zukunft dieser Republik fahrenlassen.
Ich gebe sie merkwürdigerweise immer noch nicht auf. Ja, ich beschwöre alle Gutgesinnten, nicht abzulassen von dem, was jetzt zwingend nötig ist: Licht und frische Luft in das stinkende Dunkel zu bringen, das uns zu ersticken droht. Die das versuchen, sind die wahren Schützer des Grundgesetzes und nicht seine Feinde. Die es verhindern wollen aber sind die Totengräber der Republik.«

Das Elternhaus. Ich habe mir eben eine primitive Zeichnung gemacht – zu mehr reicht es nicht –, weil ich nicht weiß, ob ich diesen merkwürdigen Bau anschaulich schildern kann: die (alt-)lutherische Christuskirche in der Mitte, zurückgesetzt vor einem großen Rasen- und Auffahrplatz (für die Hochzeitskutschen), zu beiden Seiten zwei Wohnhäuser, links Nr. 57 das Pfarrhaus, rechts Nr. 53 ein Mietshaus der geschäftstüchtigen Gemeinde, in dem im Erdgeschoß der emeritierte Pfarrer und Geheime Konsistorialrat Albertz mit seiner Frau und seit dem 22. Januar 1915 mit dem Kinde Heinrich wohnte. Rote Backsteine, freilich mit grünen Kacheln vor den Fenstern, die noch Doppelfenster waren und in deren letztes, unmittelbar neben der Kirche, wegen des abschüssigen Geländes, der heranwachsende Junge ohne Mühe ein- und aussteigen konnte. Vier Zimmer waren es, zwei große und zwei kleine: das Arbeitszimmer des Vaters, hermetisch verschlossen für das lärmende Kind und nur auf besondere Einladung zu betreten. Ich habe nur eine ungenaue Erinnerung an den alten Herrn, der 70 Jahre wurde, als ich neun Monate alt war. Ich kann mich nur an den Tabaksqualm erinnern und das Stehpult, an dem er zu arbeiten pflegte, den großen Tisch mit Bergen von Büchern und Papieren, die weggeräumt werden mußten, wenn er seine Hausandachten und Bibelstunden mit älteren adligen Damen hielt, die meiner Mutter wohl ein Dorn im Auge waren. Denn sie hielt nichts von der Schwärmerei für beliebte Prediger.

Der Vater paßte überhaupt nicht in dieses Haus. Er war reformiert. Und nun wohnte er zur Miete bei den Altlutheranern, jener strenggläubigen Gruppe, die die altpreußische Union zwischen den beiden protestantischen Kirchen König Friedrich Wilhelms III. nicht mitvollzogen hatte. Im Garten traf er auf seine renitenten Kollegen. Meine Mutter sagte, er habe sie für echte Ketzer gehalten, und in Genf hätte man solche Leute wohl kurzerhand verbrannt. Es ist ja kein Zufall, daß der streitende Partner im Garten nach 1933 Professor in Erlangen wurde und einer der übelsten Nazis unter den gelehrten Theologen. Nun, das Kind erfuhr und verstand von dem allem nichts. Der alte Geheimrat starb, als ich acht Jahre alt war.

So ist das Elternhaus ein Mutterhaus geblieben. Zwölf Jahre waren wir allein miteinander, in der Liebe und im Streit. Ich kann dies alles noch heute, 50 Jahre nach dem Tod der Mutter, nicht schildern. Ich will es auch gar nicht versuchen. Diese Mutter hat nur für ihren Sohn gelebt. Das war herrlich und schrecklich zugleich. Als ich wegen meiner ersten Liebe drei Wochen vor der Konfirmation in die Oder sprang und sie mich entsetzt vom Revier der Wasserschutzpolizei abholen mußte, hat sie mir kein böses Wort gesagt, sondern mich ins Bett gesteckt und heißes Zitronenwasser gebracht und nur dem Pastor und dem Schuldirektor etwas gesagt. Und zu mir: »Du dummer Junge, mach es bitte nie wieder.«

Ich hatte, als ich größer wurde, das eine schmale Zimmer für

mich. Ein alter Sessel ist auf abenteuerlichen Umwegen über Westdeutschland als einziges Möbelstück erhalten geblieben und steht noch heute in meiner Wohnung in Schlachtensee.
Wenn ich abends einmal allein bin, setze ich mich hinein, und die alten Bilder kommen wieder, steigen auf und wieder ab. Es riecht plötzlich nach Pfefferkuchen und auch nach dem eisernen Ofen, der nebenan für die ganze Wohnung Wärme spendete, mit Koks geheizt, den ich jeden Morgen aus dem Keller zu holen hatte, vor dem Frühstück. Es wurde, im reformierten Hause, Luthers Morgensegen gebetet: »Ich danke Dir, mein himmlischer Vater, durch Jesus Christus, Deinen lieben Sohn, daß Du mich diese Nacht vor allem Schaden und Gefahr behütet hast und bitte Dich...« Dann gab es Roggenmehlsuppe und ein Stück Brot. Und vom ersten Advent bis Weihnachten wurde auch gesungen. Wir zwei – schön war der Gesang sicher nicht, aber unvergeßlich. Das Haus ist verschwunden. Die Lieder blieben.

27.10.1984. Und dies alles schreibe ich zwei Tage, nachdem ich endlich dem Drängen Helmut Kindlers nachgegeben und Joshua Sobols *Ghetto* gesehen habe. Peter Zadek hat dieses unbeschreibliche Stück inszeniert, den Versuch, Leben und Sterben der Juden in Wilna 1942 in Farben und Liedern und Tänzen, ganz leise und in den schrillsten Tönen in Erinnerung zu bringen, die täglich verdrängte Erinnerung. Ich hatte mich sehr gesperrt. Ich konnte mir nicht vorstellen, wie man das Entsetzliche als Musical auf die Bühne bringen könnte. Aber dann schwemmte es wie ein Meer über uns hinweg, von den ersten Tönen der Klarinette im dunklen Zuschauerraum bis zu dem grandiosen, grotesken, schockierenden Tanz der Opfer ohne Köpfe und dem letzten Schuß aus der MP des SS-Mörders in Uniform. Das Unbeschreibliche, das ja doch tatsächlich, wie die grausigen Dokumente beweisen, geschehen war, beschreibend, auf den Punkt genau, die Lust und den Tod, die Hoffnung

auf einen Rest Leben und die tiefste Verzweiflung. Oft so unerträglich genau, daß man versucht war, wegzuschauen, und dann noch fasziniert hinsah, wie man morden und wie man sterben kann, und bis zum letzten Augenblick leben.
Viele junge Menschen waren da bei diesem Theater unausweichlicher Wirklichkeit, aber auch viele alte. Sie klatschten zum Schluß enthusiastisch für die Leistung derer, die das jeden Abend darzustellen, zu singen, zu tanzen haben. Ich konnte es nicht. Ich saß. Starr, aber auf eine merkwürdige Weise glücklich. Am liebsten wäre ich auf die Bühne gegangen und hätte sie alle umarmt. Die noch atemlosen, vom Schweiß durchnäßten Spieler. Die Totentänzer, die Lebenstänzer.
Ich weiß nicht, wie es nun auf lange Zeit »wirkt«. Auf die, die noch ihre Mitverantwortung tragen, auf die Nachgeborenen, die sehen, wozu ihre Väter und Großväter fähig waren – oder was sie litten, die Mütter und die Kinder. Ich könnte mir denken, es ist tiefer gegangen als das bloße Vorstellen von Dokumenten. Ich hoffe es, hoffe es sehr.

Das Elternhaus in Breslau, in Flammen aufgegangen. Wilna in Blut und Tränen erstickt. Flammen und Blut und Tränen. Aber Flick und seine Kumpane zahlen weiter. Und Herr von Brauchitsch war gestern zum »Kanzlerfest« in Berlin eingeladen. Zehn Minuten von Sobols *Ghetto* entfernt.
Nein, nun nichts mehr suchen, was ich nicht mehr finden kann. Einfach durch die Stadt fahren, nach Norden, durch den Scheitniger Park – »Sehen Sie hier, war Villa von SS, war Zuchtstätte für blonde Germanski« – »Sehen Sie Stadion, sehen Sie Silo für Professoren« –, auf der Dominsel steige ich aus und entlasse Carol, diesen freundlichen und geschäftstüchtigen Mann, der sich gleich für den nächsten Tag anbietet. Es ist sehr warm geworden im Auto.
Hier im katholischen Herzen von Breslau große Stille. Ein paar junge Kleriker mit abgeschabten Aktentaschen, wenige Touristen. Für den protestantischen Schüler und Stu-

denten war die Insel immer eine Art exterritoriales Gebiet gewesen, kunsthistorisch interessant, eine Art Museum. Wir Evangelischen sahen darüber hinweg, daß hier die Wurzeln Schlesiens lagen, polnische, böhmische, kaiserlich wienerische – daß Breslau zur Hälfte wohl katholisch war, daß der Kardinal Bertram hier seine unheilvolle Rolle als Vorsitzender der Fuldaer Bischofskonferenz in der Nazizeit spielte. Preußen hatte gesiegt. Das andere war Geschichte. Nun ist sie wieder da, die wirkliche Geschichte. Denn das nun wieder polnische Schlesien ist auch wieder ein ganz katholisches geworden – nun, an diesem Vormittag stört dies alles nicht. Ich stehe eine Weile vor dem schönen Tor zur erzbischöflichen Residenz. Hier hatte ich 1969 das unvergeßliche Gespräch mit Komenek, dem polnischen Johannes XXIII. Ich habe es anderswo beschrieben. Heute lädt mich niemand ein. Aber die Kirche der »Maria auf dem Sande« lädt ein, kühl und herrlich, ich sitze, und das Herz wird ruhiger. Ein paar betende Frauen und der riesige, gotische Raum, ein Himmel auf Erden.
Die Hitze auf den lauten Straßen schlägt dann um so mächtiger zu. Warum sind die Füße so schwer geworden und der Weg, den ich nur als ein paar Schritte in Erinnerung habe, hinüber zur Universität, so lang und mühsam? Hier ist er nun, der Platz, auf dem sie uns in die Studenten-SA gepreßt hatten. Hier finde ich die Tür zum Dekanat der evangelischen theologischen Fakultät, hinter der mir der braune Dekan den ersten Verweis gab, weil ich Flugblätter des Pfarrernotbundes verteilt hatte. Hier ist die Zeit stillgestanden. Semesterferien. Die langen Flure still. Meine Schritte hallen weithin, aber keiner achtet auf den alten Mann, der die neuen Hinweistafeln in der fremden Sprache zu entziffern versucht. Die zauberhafte Aula Leopoldina natürlich geschlossen. Aber ich hatte sie schon wiedergesehen, alles restauriert, nichts verändert, auch das Bild Friedrichs des Großen hängt noch am selben Platz.

Die Universitäten waren für uns Studenten der Bekennenden Kirche ja »zerstört«. Es ist kein Ruhmesblatt für die theologischen Fakultäten, daß sie durch unsere Teilnahme an illegalen Vorlesungen und unsere Besuche verbotener kirchlicher Hochschulen in ihrer Schande bloßgelegt wurden. Alle anderen, die Juristen und Philosophen, konnten sich den Anschein geben, als trieben sie weiter ihre Wissenschaft. Nun, bis auf wenige Ausnahmen hatten die Professoren vergessen, daß ihr Name »Bekenner« bedeutet. Sie waren Träger nationalsozialistischer Hochschulen geworden, feige und armselig. Mir diente die Universität Breslau ab 1936 nur als Schutz vor bürokratischen Zugriffen. Ich hatte pro forma ein oder zwei Vorlesungen belegt, zahlte die Gebühren und ging in die Seminare, die Pfarrer und junge Privatdozenten außerhalb des offiziellen Lehrbetriebes eingerichtet hatten. Das erste theologische Examen fand in Liegnitz statt, im Gartenhaus eines vermögenden Gemeindegliedes. An der Straße wachten Freunde darüber, daß uns die Polizei nicht fand. Aber es war ein richtiges Examen, und ich wäre im Alten Testament beinahe durchgefallen, weil ich zu faul gewesen war, Hebräisch zu lernen.
Schräg gegenüber dem alten Universitätsplatz stehen zwei Bänke. Ich setze mich, sehr müde. Ich will aber noch zu meiner guten alten Hofkirche gehen.

30. 10. 1984. Polen holt mich beim Schreiben ein. Der entführte Priester Jerzy Popieluszko ist tot. Was in El Salvador die Todesschwadronen seit Jahr und Tag mit offensichtlicher Billigung der Regierung (und der Vereinigten Staaten) praktizieren – Mord und Totschlag –, ist in Polen schon in einem Fall lebensgefährlich für alle – für den General Jaruzelski, für den Kardinal Glemp, vor allem für das Volk, hin und her gerissen zwischen den Träumen von Solidarność und der Realität des Möglichen. Wir klugen Leute im Westen kommen nun mit unseren empörten Kommentaren. Aber niemand weiß, was geschah, wer die

Hintermänner sind – die Sowjets, einfach die Feinde des Generals und seines Versöhnungskurses auf dem schmalen Grat zwischen nationalen Zwängen und der Supermacht im Osten? Alles ist möglich, auch das Absurdeste, in diesem gequälten Land. Ein Mensch ist tot, ein neuer Märtyrer geboren. Gott bewahre das Land davor, daß es von den Emotionen der Trauer und des Hasses völlig überspült wird. Dieses Land – 82 km von Berlin, von mir, so nah wie kein andres Ausland. So schmerzhaft nah.

Gestern abend kam die Todesnachricht. Ich las gerade das Buch *Tote Jahre,* eine jüdische Leidensgeschichte von Joseph Schupack. Nicht das Ghetto von Wilna, sondern das Schicksal der Juden in einer kleinen polnischen Kreisstadt zwischen Lublin und Brest wird hier nüchtern erzählt, von einem der letzten Überlebenden. Das Schreckliche an diesem Bericht ist die Schilderung des massiven polnischen Antisemitismus, der ja bis heute virulent geblieben ist und noch zu Zeiten Gomulkas zur Auswanderung von Tausenden von Juden geführt hat. Wie hier im Inferno der deutschen Verbrechen die noch etwas Stärkeren die Schwächsten treten und berauben, ist furchtbar zu lesen, aber wohl leider wahr. Der Autor kehrt nach seiner Befreiung aus dem KZ Bergen-Belsen noch einmal in seine Heimat zurück und läuft in den kalten Haß seiner nichtjüdischen Landsleute hinein. Als ein Fremder unter Fremden, fast gejagt von seiner Angst, kehrt er wieder um nach Deutschland. Furchtbar zu lesen. Da schreibe ich von meiner nostalgischen Reise nach Schlesien, als ein privilegierter, mit harter Währung willkommener Tourist, welch ein Satyrspiel! Wer hat den Krieg verloren? Dieser Joseph Schupack gewiß, wir Deutschen anscheinend nicht.

Der Bundespräsident hat sich zum Bonner Sumpf geäußert. Sehr vornehm und zurückhaltend, wie wir ihn kennen. Keine Krise, natürlich nicht. Einzelne haben versagt, werden immer versagen. Der Staat ist nicht in den Händen der Wirtschaft. Wie beruhigend zu hören.

6. 11. 1984. Ja, es tut weh. Eben ist der Brief aus Schwerin gekommen: Die Behörden der DDR haben mir die Einreise zur Friedenswoche der Mecklenburgischen Kirche verweigert. Ich sollte in Schwerin und Rostock einen Vortrag halten und eine Predigt, sollte mit Pfarrern, Studenten und anderen jungen Leuten sprechen. Wie die Jahre zuvor in Potsdam und Erfurt und Leipzig und Eisenach. Die Wissenden sagen, das wäre zu erwarten gewesen: Der Staat dort drüben schränke die westlichen Kontakte zu den Kirchen ein. Wie dem auch sei, Angst vor einem Stückchen Freiheit hat sich auf die Dauer immer als töricht erwiesen. Ich hatte mich sehr gefreut auf diese Reise. Ich hätte auch diesmal kein Blatt vor den Mund genommen. Aber ich hätte mich auch aller abwertenden Äußerungen gegenüber der DDR enthalten, wie sie hierzulande gang und gäbe sind. Herr Strauß bringt eine Milliarde Devisen mit – ich nur ein bißchen Evangelium. Er darf im Privatflugzeug einreisen. Nun – das letzte Wort sei noch nicht gesprochen, höre ich eben von drüben. Ich bin gespannt. Aber Breslau liegt heute seltsam weit weg.

Doch, von der Hofkirche will ich erzählen. Es ist die erste Kirche, die Friedrich der Große in Schlesien bauen ließ, schon nach dem ersten Raubkrieg gegen Österreich, das Reich Maria Theresias. Das Schloß und die dazugehörige Kirche. Reformiert. Denn der Agnostiker stand ja in der Tradition seiner Familie, die wegen einer Heirat mit einer niederländischen Prinzessin von Luther zu Zwingli und Calvin übergetreten war. Der Glaubenswechsel aus dynastischen Gründen, im Ehebett. Es wurde ein besonders schöner, schlichter Kirchenbau. Ein ovaler Raum, ganz in Weiß und Gold, ohne Altar und ohne jedes Bild, ein wenig an die Betsäle der Brüdergemeine erinnernd. Hier war ich wirklich zu Hause. Mein Vater war dort 15 Jahre vor meiner Geburt Pfarrer, Hofprediger also, ich bin in dieser Kirche getauft, konfirmiert und getraut worden und habe dort unser erstes

Kind getauft. Ich war dort selbst Vikar der Bekennenden Kirche bei dem liebenswerten Pastor Bender, der fast blind war, und bei dessen Familie wie ein Kind im Hause, im Pfarrhaus gegenüber, das sie weggerissen haben wegen einer Straßenverbreiterung.
Bei meinem Besuch am 14. August 1984 ist die Kirche geschlossen. Sie wird restauriert. Ein großes Gerüst versperrt die Türen. Ich bin ganz froh darüber. Ich kenne den Innenraum. Er ist verschandelt: Die polnischen Lutheraner sind eingezogen und haben das schlichte Bauwerk mit einem häßlichen Altar völlig zum Schlechten verändert. So kann ich nur um die Kirche herumgehen. Die kleine Tür zur Sakristei, in der ich mich vor meinen ersten Predigten fürchtete, die beiden alten Steine vor dem Hauptportal, auf denen die Gottesdienstbesucher ihre Zigarren ablegten – die Beamten und Offiziere Preußens. Denn eine Beamten- und Offiziersgemeinde war es und blieb es bis zur Vernichtung der Stadt. Kaum 2000 Mitglieder – aber es war vornehm, zu dieser Personalgemeinde zu gehören. Und sie war reich.
Pastor Bender war Mitglied der Bekennenden Kirche. So war der kleine Raum in der alten Karlsstraße bald ein Treffpunkt für den stillen Widerstand. Verbotene Synoden haben hier stattgefunden, Fürbittgottesdienste für die verhafteten Pfarrer. Die Gestapo war ständig zu Gast.
Aber nicht dieses ist es, was mich bindet an den geliebten Raum, sondern 20 und mehr Jahre gelebtes Leben in dieser Gemeinde. Der kleine Junge, der an der Hand der Mutter noch den Vater predigen hörte, ohne ein Wort zu verstehen. Die Konfirmation in einem Anzug, auf Zuwachs berechnet und darum im Rücken mit einem mit Sicherheitsnadeln befestigten Handtuch ausgestopft – und die Angst, es würde sich lösen während der Feier. Die Trauung mit meiner Frau, die auf der Fahrt zur Kirche weinte, weil keine weißen Pferde die Hochzeitskutsche zur Kirche zogen. Das schreiende Bündel Ilsebill, als ich sie mit Wasser benetzte. Und

eben das Pfarrhaus drüben. Fröhliche Feste in der Pastorenfamilie mit ihren vier Töchtern, Verliebtheiten und dann die tiefe Trauer, als die ersten jungen Männer der Gemeinde fielen – auch der Bruder meiner Frau, mein Freund. Und die Erfahrung dieses nüchternen, bilderlosen Zweiges des Protestantismus. Die Zugewandtheit zum Praktischen. Heute im Alter mag ich die Bilder nicht missen, stehe gern an einem schönen Altar und feiere in den Formen der Deutschen Messe das Abendmahl – »für Dich gegeben, für Dich vergossen«. Aber damals war es ein heller, unverstellter Eintritt in die Freiheit des Evangelismus. Und es ist ja auch kein Zufall, daß es ohne die kleine Minderheit der Reformierten nie zu einem Kirchenkampf gekommen wäre – die Lutheraner mit ihrer mißverstandenen Zwei-Reiche-Lehre und ihrer Obrigkeitstreue hätten es niemals geschafft.
Nun, an all dieses denke ich, als ich um die Kirche herumgehe und durch die überfüllten Straßen zurück zum Hotel. Heiß ist der Weg und fremd. Es ist zwölf Uhr, noch sehr früh zum Essen. Aber ich tue es, fast allein im Restaurant. Die Müdigkeit überfällt mich wie ein Tier. Nur hinauf ins Zimmer, ins Bett. Die Sonne steht prall auf dem Fenster. Der Platz lärmt. Aber hinter den geschlossenen Augen wird es dunkel. Schlaf. Träume. Träume und Schlaf.

7. 11. 1984. Noch einmal vier Jahre Reagan. Wenn Gott ihn so lange leben läßt. Welch ein Volk, diese Amerikaner! Nur die Schwarzen und die Juden waren geschlossen gegen ihn, heißt es heute. Die Juden auch? Wallstreet? Aber das sind ja nur wenige. Ich habe im amerikanischen Sektor von Berlin meinen neuen, alten Souverän im immer noch gültigen Viermächtestatus, der letzten Endes nicht Deutsche, sondern die Sieger des Zweiten Weltkrieges über uns bestimmen läßt. Die Welt ist in der Hand von alten Männern, und in der Hand dieser alten Männer sind die Vernichtungsmittel einer unausdenklichen Zukunft. In Moskau entscheiden wenigstens mehrere, in Wa-

shington einer, einer ganz allein für diesen äußersten Fall. Absurder geht es nicht.

Am zweiten Tag in Breslau bin ich zu derselben Bank gegangen wie tags zuvor, muß dort Stunden gesessen haben. Denn es dämmerte, als ich ins Hotel zurückkehrte. Was habe ich getan? Nichts? Gesehen? Nichts Neues: dieselben Menschen, Kinder, Hunde, das Wasser des Stadtgrabens. Wie erstarrt muß ich gewesen sein, versunken in die Erlebnisse des Morgens: Polizei, Gericht, Schule, Krankenhaus, Friedhof, die beiden Häuser, der Mutter und der Frau – und das andere alles, wie ein Film, noch einmal abgespult. Kann man zwei Leben haben – bis zu dem nicht zu heilenden Bruch 1945, und danach, der großen Befreiung, gerade von diesem ersten Leben, das nur noch in Angst und Entsetzen endete? Befreiung für die einen, für die meisten die Katastrophe, schnell zu verdrängen, zu vergessen, nur weiterzumachen, wieder aufzubauen, das Alte, nichts Neues, um Gottes willen nichts Neues, dieselben Parteien, Gewerkschaften, Kirchen, Theater. Keiner will dabeigewesen sein, bei nichts und niemandem, man hat nichts gesehen, nichts gehört. Man war ahnungslos wie der Mann, der jetzt Bundeskanzler ist, von den ahnungslosen Deutschen gewählt, ja, dieser, der weiß von nichts. Will von nichts wissen. Ich sitze auf meiner Bank, die fremde Sprache um mich, wie eine Musik, die ich nicht verstehe. Nein, hier bin ich nicht zu Hause, hier ist keine Heimat mehr.
Das Restaurant ist laut und ziemlich voll. Die altmodischen Polen halten ja in diesen Lokalen kleine Musikkapellen, die die Melodien des vergangenen Europa spielen. Schlager der 20er Jahre, viel Österreichisches, dazwischen mal ein kräftiger slawischer Tanz. Es stehen immer neue Speisen auf der Karte, aber immer dasselbe Hühnerfleisch, anders zubereitet. Nur die Suppen sind gut. Zwei junge Westdeutsche sprechen mich an, sind mit Wagen und Zelt durch das ganze

Land gefahren, völlig unbefangen, von keiner Vergangenheit belastet. Respekt, daß sie nicht in Frankreich oder Spanien waren. Es gibt ein langes Gespräch über die heutigen Verhältnisse, Jaruzelski und Solidarność und die katholische Kirche. Es ist das erste politische Gespräch, das ich auf dieser Reise führe. Überhaupt das erste Gespräch, merke ich, wenn ich von den paar Worten mit dem Hotelpersonal und dem Taxifahrer absehe. Ich bin auf eine peinliche Weise nur mit mir selbst beschäftigt gewesen. Wir trinken Wein und werden fröhlich. Die Jungens sind aus Ludwigshafen, aus der Pfalz, Landsleute des Herrn Kohl. Sie entpuppen sich als Grüne, Friedensbewegte. Wir reden plötzlich über die Bundesrepublik. Über Heutiges. Sie fragen mich aus nach meinem zweiten Leben. Das Restaurant wirkt plötzlich nun noch mehr als ein Raum aus den 30er Jahren, wie eine vergangene Welt.
Ich gehe nach oben. Das Licht funktioniert nicht. Ich rufe niemand, der es in Ordnung bringen soll. Die nächtliche Silhouette vor dem offenen Fenster soll nicht gestört werden. Es ist jetzt alles ganz friedlich. Morgen will ich ins Land fahren, hinaus, hinaus ins Gebirge.

14. 11. 1984. Hanne Hiob, die Tochter Bert Brechts, hat mich eingeladen, an zwei Abenden ihre Gedenkstunde zum Volkstrauertag einzuleiten unter der Überschrift des Brecht-Verses »O Deutschland, bleiche Mutter«.
Ich habe also zweimal auf der Bühne gestanden unter lauter Schauspielern und zu sagen versucht, was mich in diesen Tagen bewegt. Hier ist der Text:

> »*In diesen Tagen,* meine Damen und Herren, liebe Freunde, in diesen Tagen, da sich auf unserm Kalender dunkle Worte einfinden: Volkstrauertag, und dabei trauert niemand über das, was er angerichtet hat und mit sich anrichten läßt, Buß- und Bettag, hier in preußischen

Landen von einem König dem Volk verordnet, damit es sich besinne, seine Schuld bereue und sich bessere. Bis auf eine kleine Minderheit denkt niemand daran, welche Schuld er auf seinen Schultern trägt, geschweige denn, daß er heute, Totensonntag – da er über den persönlichen Schmerz um einen geliebten Menschen, der uns für immer verließ, trauert –, die Millionen Toten dieses Jahrhunderts beklagt. Die sind verschwunden im Nebel, im Nebel, und die Toten, auf die wir uns vorbereiten, die wir umbringen wollen, mit Bomben und Raketen, mit Gift und Gas, werden weggeredet, lächelnd, mit dümmlichem Augenaufschlag –

In diesen Tagen, in denen wie in einem Lehrbuch für Schüler der untersten Klassen in den Ländern des Ostblocks uns vorgeführt wird, wie in der spätkapitalistischen Welt Geld die eigentliche Macht in unserem Land hat, Geld, und die es geben frech und ungeniert, und die, die es nehmen, unbewegt und ohne auch nur zu spüren, was sie uns darstellen in ihrem Sumpfe –

In diesen Tagen, in denen das Volk von dem Teil der Welt, in der wir leben, und diese Stadt auf ihre besondere Art abhängig sind, in denen das Volk den Mann im Amt bestätigt hat, der weiß, was gut und böse ist, schwarz und weiß, die Engel und der Teufel, und er der Erzengel –

In diesen Tagen, in denen der letzte Mörder, der Richter am Volksgerichtshof war und dem nun nach fast 40 Jahren endlich der Prozeß gemacht werden sollte, sich umgebracht hat –

In diesen Tagen, heute abend, hier wollen wir der Toten gedenken und trauern lernen. Welcher Toten?

Im Programmheft steht geschrieben: ›Nicht der Gefallenen für Hitler, die ‚ihre Pflicht taten‘ und für ihn ihr Leben gaben, sondern derer, die nachdachten und dafür oder wegen ihrer Rasse erschlagen, vergast, erschossen wurden‹, und dann werden sie beim Namen genannt und werden hier heute abend gegenwärtig sein in Versen und Liedern und Bildern und Geschichten, die schlimmste werde ich selbst vorlesen – ihrer werden wir gedenken. Ich weiß nicht, ob man die Mehrheit der einfachen Soldaten ausschließen kann, die ›ihre Pflicht taten‹. Sie haben furchtbar gezahlt.

›Lange bevor wir gefallen in ziellosen Schlachten,
gehend noch durch die Städte, die dann noch standen,
waren schon unsere Frauen
Witwen uns und die Kinder Waisen.‹

Hanne Hiob wird diese Zeilen von Brecht nachher lesen. Ja, so war es. Ich weiß es. Weil wir, bis auf wenige, wenige, nicht aufgestanden sind, rechtzeitig, schreiend, streitend, sind sie gefallen. Und weil auf eine furchtbare Weise die Republik von Weimar in den Händen ihrer Feinde war von Anfang an und ihre Mörder bezahlten. Dieselben Namen wie heute, Flick voran. Ich lese in diesen Tagen Lion Feuchtwangers Buch ›Erfolg‹. Die entlarvende Beschreibung der Münchner Szene in den 20er Jahren, Hitler schon im Schoß und mit allen Mitteln jeden, der links war oder als links galt, bekämpfend. Das große Geld und die deutsche Justiz. Ich liege abends und lese und denke: *Sind* das die 20er Jahre? Lese ich nicht die genaue Beschreibung unserer Wirklichkeit, der Welt in unseren Tagen?

Und damit bin ich bei dem Wichtigsten, was ich zu Beginn des heutigen Abends sagen möchte. Ja, wir wollen gedenken, ja, wir wollen trauern. Aber wir wollen vor allem über uns selbst trauern, daß wir heute, im November 1984, schon wieder, oder immer noch, mit denselben finsteren Kräften, den Verderbern der Republik, den wahren Verfassungsfeinden zu kämpfen haben. Warum ist das so? Da gibt es 1001 Grund. Ich

will nur einen, aber einen besonders bösen herausgreifen. Ich glaube sogar, er ist die Hauptwurzel alles Bösen, was wir jetzt täglich erleben.
Ich meine die deutsche Justiz. Da haben wir an unseren Oberlandesgerichten die sogenannten Staatsschutzkammern, fast schon Sondergerichte, die nicht nur in Stammheim wie in Festungen tagen. Sie sind eine bittere Frucht des Terrorismus der 70er Jahre – und sie funktionieren gut. Ihre Basis sind die Änderungen des Strafgesetzbuches des Deutschen Herbstes 77. Das sieht dann so aus: Ein Angeklagter, der nie einen Schuß abgegeben hat, aber dessen Fingerabdrücke auf Fahrzeugen und Gerät der Mörder von Herrn Schleyer zu finden waren, wird wegen der Beteiligung an dieser kriminellen Vereinigung zu dreimal lebenslänglich plus 15 Jahre Freiheitsentzug verurteilt. Einer der Sachverständigen im Prozeß, wegen seiner Mitschuld an den Menschenexperimenten der Nazis als befangen abgelehnt, wird trotzdem als Zeuge vernommen, läuft frei in unserem Lande herum und betrieb bis vor kurzem noch seine Praxis. Ein Mörder, der Tausende – oder auch nur zehn – Opfer in einem KZ auf dem Gewissen hat, wird wegen Beihilfe zu einer kurzen Haftstrafe verurteilt – die SS ist keine kriminelle Vereinigung, auch nicht der Volksgerichtshof, auch nicht die Ärzteteams in den Vernichtungsanstalten des sogenannten unwerten Lebens. Zwei Männer in Berlin bekommen wegen der Herausgeberschaft der Zeitschrift ›radikal‹ hohe Gefängnisstrafen. Richter, Staatsanwalt und Zwangsverteidiger feiern das Urteil im Gerichtsgebäude mit einem Saufgelage. Die deutsche ›National- und Soldatenzeitung‹ hetzt seit Jahren ungehindert gegen Juden und Kommunisten, verbreitet die Auschwitz-Lüge und ist an jedem Zeitungskiosk zu haben. Eine junge Frau gerät in ein Ermittlungsverfahren, weil sie statt

gültiger Postwertzeichen zwei Rote-Hilfe-Werbemarken auf einen Brief geklebt hat. Ich könnte diese Liste noch eine halbe Stunde fortsetzen. Sie begann mit der vorzeitigen Haftentlassung der wegen Kriegsverbrechen verurteilten Flicks und Krupps und Konsorten durch den Hohen Kommissar für Deutschland McCloy im Gegenzug zur Zusage Adenauers für die Wiederbewaffnung der BRD.
Ich weiß, es gibt Ausnahmen. Mutige Richter, die Polizeieinsätze oder die Behandlung eines Ausländers für rechtswidrig erklären, sehr spät, zu spät. Denn dann sind sie längst tot, die Opfer, Rattay, ein Demonstrant, vor einen fahrenden Bus getrieben, Kemal Altun, ein Asylant, aus dem Fenster gesprungen – wir trauern heute auch um sie.
Ja, die Justiz hierzulande steht in einer ungebrochenen Tradition vom Ossietzky-Prozeß bis zu den Dutzenden von Berufsverboten, gerichtlich abgesegnet – denn wir wissen seit eh und je in deutschen Landen, wo der Feind steht: links und nicht rechts. Sie haben uns zweimal in einen Weltkrieg getrieben, sie sind dabei, den dritten, letzten Vernichtungskrieg möglich zu machen. Aber der Feind steht links, ihn muß der Verfassungsschutz verfolgen – nicht die Geldgeber Hitlers, Kohls, Genschers und leider auch Naus.
Am vorigen Sonntag habe ich in der St.-Annen-Kirche in Dahlem, das ist Niemöllers Kirche, über diesen Text des Propheten Micha gepredigt: ›O das verfluchte falsche Maß, die unrechte Waage, die falschen Gewichte im Beutel! Soll ich sie billigen?‹ Das verfluchte, falsche Maß. Oh, Deutschland, bleiche Mutter! Haben wir keine Hoffnung? Sind sie alle umsonst gestorben?
Wenn wir nicht schweigen, werden sie leben. Werden wir leben. Wenn wir nicht schweigen. Also reden wir. Hoffentlich nicht nur heute abend.«

Es ist ein merkwürdiges Wetter, warm, aber diesig, mit leichtem Sprühregen aus einem grauen Himmel, als ich mich am Morgen in den kleinen Wagen setze, neben Carol, nun für acht oder zehn Stunden. Eigentlich grauenhaft, so lange im Auto, diesem ungeliebten, menschenfeindlichen Gefährt. Es ist eng im Wagen, wir sitzen in Tuchfühlung, der Pole aus Lemberg und ich, zwei Vertriebene, und rauchen auch noch beide. Er hat deutsche und polnische Landkarten im Wagen. Also: hinaus, hinaus aus der Stadt, der geliebten, fremden Stadt.

Ich muß bekennen, daß mir die Straßen, die wir nun fahren, völlig unvertraut sind. Wer fuhr schon 1925 – 1930 – 1935 Auto? Ich bin tatsächlich erst 1934 das erste Mal ein Stück Landstraße anders als mit dem Fahrrad oder mit dem Pferdewagen gefahren. Die Bahnstrecke ins Waldenburger Bergland und ins Riesengebirge führt jedenfalls andere Wege. Da kannte ich jede Station: Königszelt, wo die Dampflokomotive gegen eine E-Lok ausgetauscht wurde, Freiburg mit seiner endlosen Kurve. Ach, Königszelt. Da hielt der Lazarettzug auf dem Wege von Polen nach Bayern. Ich sprang heraus, was streng verboten war, und lief ins Büro des Stationsvorstehers: »Bitte, bitte, lassen Sie mich mit meiner Frau telefonieren.« Sie hatte zwei Monate nichts von mir gehört. Es war morgens um fünf Uhr. Der Mann erlaubte es. »Ich lebe, ich lebe.«

Es ist ja schwierig, aus den großen Städten herauszukommen. Das Umfeld ist »zersiedelt«, welch ein Wort – Fabriken, Kasernen, wohin man sieht. Lastwagen, die aufhalten und stinken. Noch nichts von Feldern und großem Himmel.

Der Wagen ist wirklich sehr klein. Ich kann das kaputte Bein kaum ausstrecken. Der Gegenverkehr in die Stadt läßt nicht nach. Abenteuerliche Lastautos mit ausschwenkenden Ladungen und Anhängern. Dazwischen die winzigen Fiat-Polski. Wir kommen ins Gespräch: über den Autokauf im

Lande, die Benzinmarken, den schwarzen Geldtausch. Die seltsame Mischung von Heiterkeit und Traurigkeit in den Antworten dieses einfachen, sehr gescheiten, sehr sensiblen, aber auch sehr auf seinen Vorteil bedachten Mannes gefällt mir von Stunde zu Stunde mehr. Politik kommt nicht vor. Er weicht aus. Stellt dafür stolz die *Deutsche Welle* ein – alberne Meldungen aus der Heimat, wie ein Regierungsbulletin – auf welchen Posten ist da Klaus Schütz, mein Nachfolger in Berlin, geraten? Welches Bild sollen sich die Leute von der Bundesrepublik Deutschland machen, wenn sie als wichtigste Nachricht, mit getragener Stimme vorgelesen, die Ablösung irgendeines deutschen Botschafters im Fernen Osten hören? Aber ich weiß wenigstens: Den Deutschen geht es noch gut.

Nach einer halben Stunde taucht zur Linken der Zobten auf. Ein merkwürdiger Berg, unvermittelt und einsam in der noch ebenen Landschaft mit vielen alten Sagen um sein Haupt. Ziel der ersten Schulausflüge aus Breslau. Ich habe sie nie gemocht. Wandern in Gruppen ist mir noch heute zuwider, fast so schlimm wie das Marschieren in der Kompanie.

Der Pole neben mir. Ich schaue ihm zu. Er fährt sorgfältig, fast ein wenig zu vorsichtig für meinen Geschmack. Aber dieser kleine Wagen ist ja seine Existenz, und die Reparaturen auch nur nach einem kleinen Unfall wären ein Alptraum. Ich habe ihm unter Schwierigkeiten klargemacht, ich wolle nicht zu den üblichen Touristenzielen. Aber die Friedenskirche in Schweidnitz hat er mir abgerungen. Ich stimme ihm zu, weil ich sie noch nie gesehen habe, auch nicht in deutscher Zeit.

»Die Fridenskirche zu Šwidnica« heißt ein Heft, das ich mir aus Schweidnitz mitgebracht habe, in deutscher Sprache, aber »Friden« ohne »e«. 1652, vier Jahre nach dem Ende des mörderischen Krieges, ging aus Wien die Erlaubnis ein, sie für die ins katholische Österreich geratenen Evangelischen

zu bauen, jedoch nur »außerhalb der Stadt, ohne Turm und Glocken und nur aus Holz, Lehm, Sand und Stroh als Baumaterial«. Der Bau durfte nicht länger als ein Jahr dauern. Der Grundstein wurde 1656 gelegt, pünktlich am 24. Juni 1657 fand der erste Gottesdienst statt. Ein Bau gegen alle bedrückenden Hindernisse der Bürokratie des Kaisers, aus Holz und Lehm, hat standgehalten. Den Kriegen des räuberischen Preußen-Königs und dem Krieg des Verbrechers Hitler. Die Kirche steht und ist herrlich. Ich kann sie hier nicht beschreiben. Das könnten nur farbige Bilder von Altar und Kanzel, unzähligen Emporen und Logen der adligen Familien und der Orgel. Beschreiben kann ich nur die Begegnungen mit dem Pfarrer am 15. August 1984.
Ich hatte ihn zuerst nicht erkannt. Ich hielt ihn für einen Museumsführer, als er Carol und mir und einer Gruppe seiner Landsleute, aus dem Haus neben der Kirche herbeigerufen, in polnischer Sprache das wunderbare Haus erklärte. Ich verstand kein Wort, natürlich, nur manchmal »Jesus« oder »Luther« oder »Nazis«. Aber als ich ihn leise fragte, ob er wohl auch etwas Deutsch verstehe, lachte er: »O ja, ich glaube schon.« Und dann stellte sich also heraus, daß er der Pfarrer sei, Fremdenführer könne sich die arme, auf 600 Menschen geschrumpfte Gemeinde nicht leisten. Viele seien ja deutschstämmig gewesen und ausgewandert und schrieben jetzt Briefe voller Heimweh und Ernüchterung aus der Bundesrepublik Deutschland – ob man gar nicht wisse, daß man mit fragwürdigen Hoffnungen die letzten Protestanten aus Polen herauslocke, ob man es vielleicht wolle. Und fragte mich nach meinem Namen und Beruf – und kannte mich.
Ja, das hat mich sehr bewegt. Und im Auto fragt dann auch Carol, wer ich sei. Und ich erzähle ihm dies und das. Und es hat aufgehört zu regnen. Und wir fahren in die Berge hinein, durch Waldenburg hinüber nach Bad Salzbrunn, dem Paradies der frühesten Kinderjahre, und ich bin sehr glücklich.

22. 11. 1984. Herr Genscher hat in letzter Minute seinen Polenbesuch abgesagt. Ein mißliebiger Journalist wurde von seiner Begleiterliste gestrichen – die Herren reisen ja nur noch mit einem Troß wie ein fernöstlicher Nabob –, der Besuch eines deutschen Soldatenfriedhofs untersagt und gebeten, das Grab des ermordeten Priesters nicht zu besuchen. Wer weiß, wo die Ungeschicklichkeiten bei der Vorbereitung lagen? Jedenfalls ist diese Absage eine neue Belastung für die heiklen Beziehungen. Wie gut habe ich es in meinem kleinen Wagen zwischen Schweidnitz und Bad Salzbrunn!

Die Welt war, was das Grundeigentum angeht – zusammengeraubt oder vom Souverän geschenkt oder im Ehebett erworben –, noch in Ordnung: Das Riesengebirge gehörte auf der preußischen Seite Graf Schaffgotsch, das halbe Eulengebirge Graf Seydlitz, das Waldenburger Bergland Fürst Pleß. Im Waldenburgischen lagen auch noch die Kohlengruben und das Bad, das Fürstlich Pleßische Bad Salzbrunn. Die Tante Hannah, dieselbe, die mit mir am Sterbebett meiner Mutter sitzen sollte, war Pächterin eines der Pleßschen Sanatorien in diesem Bade, und meine Mutter und ich durften gelegentlich in den Dachzimmern dieses prächtigen alten Hauses unsere Ferien verbringen. Der Kurpark war einer der schönsten in Deutschland. Ein großes Rhododendron-Tal breitete sich zwischen Park und Wald mit seinen Düften und Farben aus – und ich fand es nun im August ohne Blüten, aber unversehrt wieder. Die Attraktion für den kleinen Heinrich aber waren die Kurkonzerte, von der Waldenburger Bergkapelle in ihren Bergmannsuniformen unter einem unvergeßlich würdigen Kapellmeister gespielt. Max Kaden hieß er – solch einen Namen merkt man sich über 60 Jahre. Denn ihm verdanke ich die Kenntnis der ganzen unbeschreiblichen Palette deutscher Unterhaltungsmusik: »Der Student geht vorbei« – alle nur denkbaren Ouvertüren und Potpourris und natürlich auch, wie es sich gehört,

am Schluß, die Schlager der 20er Jahre. Das Publikum, meistens ältere Damen und Herren, saß auf den Bänken vor der Konzertmuschel im Freien oder spazierte auf der Promenade. Bei Regen zog das Orchester in die Trink- und Wandelhalle um und klang dann lauter, als es gut war. Vor allem aber: Am Pfosten der Muschel hing ein blechernes Nummernschild, das jeweils die Zahlen der im Programm ausgedruckten Stücke anzeigte. Ein Junge, wohl gegen ein Trinkgeld des Meisters Kaden, drehte die Tafeln rechtzeitig um. Auf einem der Schilder stand »Pause«. Ich hätte ein Königreich dafür gegeben, einmal dieser Junge zu sein.
Es waren übrigens viele Militärmärsche auf dem Programm. Sie wurden besonders herzlich beklatscht.
Das hinreißende, atemlose Spiel dieser Ferien, natürlich nur dann, wenn das Orchester Ruhe gab, war ein präzise ausgedachter, mit genauen Zeiten und mit Stationen versehener Eisenbahnrundlauf. Ich rannte auf festgelegten Wegen durch den Park, den Wald, den Ort bis zum »richtigen« Bahnhof, eine Stunde wohl und dreimal am Tag. Die Leute kannten den laufenden Jungen bald und lachten ihm zu. Und die Vögel sangen. Und die Luft war milde und süß. Und ich war voller Glück. Ja, so habe ich es in Erinnerung. Als ich jetzt, 1984, wieder durch die Straßen gehe, erkenne ich die »Haltestellen« wieder – bei der Post, an der Apotheke, vor dem Gasthaus, in dem Gerhart Hauptmanns *Fuhrmann Henschel* spielte.
Ich kann es nicht verschweigen, das Bad ist schrecklich heruntergekommen. Die schönen Läden sind inzwischen verschwunden, natürlich, die Pensions- und Gasthäuser in der Hand von Betrieben und Massenorganisationen. Die Trinkhalle überfüllt. Das Bad ist Volkseigentum. Warum muß es dann so häßlich geworden sein? Unsere Staatsbäder sind es ja auch nicht. Wir nehmen Abschied und fahren weiter. Aber die Kinderträume fahren mit. Und wir nähern uns nun, auf endlosen Kurven, den wirklichen Bergen.

Schlesien in seiner ganzen Schönheit tut sich auf. Was ist schön an dieser Landschaft? Die Ebene, die unendliche östliche Ebene, war es doch auch. Warum Berge und Seen oder das Meer? Der Hunsrück ist schön, haben die Deutschen nun über elf Fernsehabende gelernt. »Heimat« ist schön. Und jeder redet plötzlich davon. Aber die Leute fahren zu Pauschalgruppen verpackt nach Marokko oder Bangkok. Ich sitze mit Carol in seinem kleinen, unbequemen Auto, nun schon die vierte oder fünfte Stunde. »Ist es nicht herrlich hier?« – »Lemberg besser«, ist die Antwort. Sage ich auch: »Breslau besser«? Als Bonn bestimmt, auch als Hannover oder Stuttgart. Aber München, Hamburg, und eben Berlin? Dieses häßliche, schöne Berlin? Und all die deutschen Mittelgebirge. Es ist ja ganz unsinnig, so zu reden. Eine Frau ist schön, wenn man sie liebt. Oder eine Blume. Oder ein Hund. Unser häßlichster Hund war der geliebteste der Kinder. Sie reden heute noch von ihm, dieser ordinären Mischung zwischen mindestens drei Rassen. Und schwarzweiß. Preußisch.
Schönheit ist Liebe.

21. 11. 1984. Ab morgen werden die ersten Briefe kommen. Meistens sind sie anonym. Denn die Deutschen sind besonders tapfere Leute. Dirk Sager hat zum Bußtag eine nachdenklich stimmende Ausgabe von *Kennzeichen D* gewagt, auch über unsere Berufsverbote für Leute, die wir für Verfassungsfeinde halten. Ich habe dazu und zu seinen Bildern diesen Text gesprochen:

»Wie wenig das deutsche Schicksalsjahr 1945 eine Stunde Null war, zeigt *ein* Beispiel besonders deutlich: Mit einer kleinen Atempause hat sich ein geradezu hysterischer Antikommunismus von den Haßtiraden der Nazis in die Praxis der Bundesrepublik Deutschland fortgesetzt. Zwei deutsche Fremdworte gibt es in den

westlichen Kultursprachen: ›Kindergarten‹ und ›Berufsverbot‹. Sie haben sogar etwas miteinander zu tun: Das Land mit der geringsten Zahl von organisierten Kommunisten geht mit einer mikroskopischen Minderheit um, als sei sie die größte Gefährdung der Republik. Immer wieder durch Gesetze und Entscheidungen höchster Gerichte untermauert, begann es mit der beschämenden Entscheidung, kommunistische Widerstandskämpfer gegen Hitler von der Wiedergutmachung des ihnen angetanen Unrechts auszuschließen. Ein untadeliger Mann wie Ernst Niekisch, ein wichtiger und eigenwilliger Publizist in der Weimarer Republik, ein nationales Opfer Hitlers und Stalins, Kommunist, schwerkrank und blind, erhielt schließlich für viele Jahre im Zuchthaus eine Art Gnadenbrot, kurz bevor er starb. Kriegsrichter, wie Herr Filbinger, konnten Ministerpräsident werden, Ärzte, die an Kindern teuflische Experimente durchführten, wurden, wie Herr Dr. Klein, Professor in Heidelberg. Und eine sozialliberale Regierung erfand den Radikalenerlaß, nach dem bis heute ein einfacher Busschaffner seine Existenz verliert, wenn er seiner kommunistischen Gesinnung treu bleibt und nicht abschwört. Der Feind steht für die Politik in unserm Land immer weiter in dieser Ecke, winzig, aber gnadenlos zu verfolgen. Die Flicks blieben die reichen und feinen Leute. In Paris haben jahrelang Kommunisten in der Regierung gesessen, in Italien sind sie als große Partei so geachtet, daß der greise Präsident Pertini am Sarge ihres Führers Berlinguer weinte. Bei uns sind sie eine Schar von Aussätzigen, die ja keinesfalls nur im öffentlichen Dienst, sondern auch in der sogenannten freien Wirtschaft keine Chance haben, es sei denn, sie schwören ab. Inquisition auf westdeutsch 1984.
Merken wir gar nicht, wie lächerlich wir uns machen und wie wenig Selbstbewußtsein wir Demokraten haben –

und wie böse das alles ist? Und wie es auf die Deutschen im andern Staat wirkt und dessen Praxis gegenüber seinen nichtkommunistischen Minderheiten?«

Sturm und Regen, strömender Regen. Herrgott, hab' ich es gut, ein Dach über dem Kopf! Keiner zwingt mich, auf die Straße zu gehen. Höchstens der Hund. Der älteste Enkel schreibt aus Israel, hin und her gerissen zwischen seinen jüdischen und arabischen Freunden in der immer problematischer werdenden Arbeit von *Aktion Sühnezeichen* in diesem Lande. Noch drei Monate, dann kommt er zurück, weiß nicht, was er dann tun soll. Natürlich: Journalist oder irgendein sozialer Beruf. Warum mutet man diesen intelligenten jungen Leuten nicht einfach zu, Jura zu studieren? Den Staat, die Justiz, die Verwaltung überlassen wir immer den andern, den fein Gescheitelten mit den Einheits-Aktenköfferchen und wundern uns dann über die Gesetze, die Urteile der Gerichte, den Strafvollzug, die Polizei. Aber er wird mich natürlich auslachen, wenn ich ihm solche Ratschläge gebe.

Wir steigen in einer Kehre aus. Zu Füßen das weite Land, in diffusem Licht, immer noch, keine Sonne, aber auch nicht dunkel. Die Linien der Hügel, der Felder, kleiner Dörfer verschwimmen im Glast, seltsam unwirklich, in Pastellfarben. Carol hat seine deutsche Karte. Ich versuche festzustellen, wo wir sind. Es gelingt nicht. Alles ist unsicher. Wir können uns über die Namen, die alten, die neuen, nicht einigen. Dabei hat sich nichts verändert. Hier ist nicht mehr gekämpft worden. Die polnischen, russischen Truppen sind eingerückt. Die Deutschen fast alle noch bis 1946 geblieben, aus den Häusern geworfen, als Knechte und Mägde der neuen, selbst unsicheren, gar nicht glücklichen Herren. Kaum ein Neubau. Nur ein einziges internationales Hotel, im Gegensatz zu drüben, jenseits des Gebirges, wo die Tschechen gleich nach dem Kriege um harter Devisen willen ihre neuen Gasthäuser bauten. Schmiedeberg, Krummhübel, Brückenberg, Giersdorf. Wir fahren ohne Halt, weil ich nur einen Ort suche, der schon in deutschen Zeiten fast unbekannt war, Saalberg, ein paar Häuser hinter dem Kynast, zwischen Hain und Agnetendorf, dem Alterssitz Gerhart Hauptmanns. Wir verirren uns, fahren im Kreise, bleiben schließlich in Hermsdorf stehen, auf einem großen Parkplatz. Studieren wieder die Karten. Carol gibt nicht auf. Wir wenden, fahren zurück, finden eine Seitenstraße, die in die Höhe führt, einen Wegweiser mit einem unaussprechlichen polnischen Namen, den ich wieder vergessen habe. Wald. Zwei, drei Kehren. Dann ein altes Forsthaus, das mir bekannt erscheint, 100 Meter weiter eine fast verfallene Dorfkneipe mit einem Briefkasten. »Ja, das kann es sein, das ist es, fahren Sie bitte langsam, ganz langsam. Es ist Saalberg.«

23. 11. 1984. Der Majdanek-Film *Der Prozeß* läuft nun über die dritten Fernsehprogramme – natürlich nicht im »Ersten«, da würde er nur stören, *Dallas* und den deutschen Spießbürger – aber immerhin. Man sitzt und sieht fassungslos die Gesichter – vor allem der alt gewordenen Frauen, Gesichter der Opfer, Gesichter der Schlägerinnen, Mörderinnen, damals junge Mädchen, »aus den untersten Schichten«. Kaum des Lesens und Schreibens kundig. Nun die sadistischen Quäler von Tausenden – und abends bei ihren kleinen Vergnügungen im *Deutschen Haus* in Lublin.
Lublin. Es überfällt mich. Mai 1942 ist es gewesen. Der Lazarettzug von Charkow wurde ausgeladen. Drei Tage Pause in einem Reservelazarett – wohl in einem alten Kloster. An die Stadt habe ich keine Erinnerung. Aber an den Bahnhof, unvergeßlich. Wir standen, saßen, lagen zum Weitertransport auf dem Bahnsteig. Rechts und links ein Zug, ein schöner und ein häßlicher. Wir wurden abgezählt – links und rechts, links und rechts. Ich durfte nach links, in den schönen, mit weißen Betten, Rot-Kreuz-Schwestern, Kaffee, Schokolade. Der Zug fuhr in 24

Stunden quer durch Polen und Deutschland bis nach Bad Wörishofen im bayerischen Allgäu. Der andere Zug nur kurz in ein Nachbarlazarett. Einer jener Glücksfälle, die man früher Wunder nannte. Aber ganz in der Nähe hielten wahrscheinlich die Güterzüge, vollgepfercht mit jüdischen Menschen, preisgegeben der Vernichtung – in Majdanek.

Ich wußte nichts davon, nichts von diesem Namen, nichts von Auschwitz. Dieses Nicht-Wissen. Was wußten wir in der Bekennenden Kirche? Daß es in Deutschland Konzentrationslager gab. Die waren namentlich bekannt. Da saßen unsere eigenen Leute. Daß die jüdischen Mitbürger abgeholt wurden und verschwanden und nicht wiederkehrten. Daß Deutsche wie die Hyänen über ihre Möbel herfielen, über ihre Wohnungen, ihre Geschäfte – in denen sie in vielen Fällen heute noch sitzen. Aber die Namen Majdanek, Auschwitz kannte ich 1942 noch nicht. Später dann kamen die Schreckensnamen in unser Bewußtsein. Aber auch BBC, der »Feindsender«, war ja zögernd, und erst jetzt öffnen sich die Archive mit der beschämenden Wahrheit, was London und Washington wirklich taten, um wenigstens einen Teil der Opfer zu retten: nichts oder so gut wie nichts. Die Fabriken neben dem Lager wurden bombardiert, die Bahnstrecken ins Lager nicht. Niemand wollte wirklich glauben, was geschah. Und im Foreign Office und State Department, im Pentagon saßen mindestens ebenso viele Antisemiten wie früher in deutschen Behörden.

Ich aber lag in einem feinen Lazarettzug, ein deutscher Soldat, aus Rußland gerettet, ohne einen Schuß abgegeben zu haben, der Schütze Albertz, zwar politisch vorbestraft und nicht zum Gefreiten zu befördern, aber in Sicherheit. Vielleicht waren die Züge, die uns entgegenkamen, die Züge ins Gas. Wer wird diese Schuld je sühnen können?

Bevor ich gestern den *Prozeß* sehen konnte, ein Anruf von Professor Ebert. Er hatte auf der Synode der Evangelischen Kirche in Deutschland die Frage nach dieser Schuld gestellt, als ein Nachgeborener: Wie denn die Leute aus der Bekennenden Kir-

che das empfunden hätten, Soldat oder gar Offizier zu sein, damals, »Killer for Hitler«. Für den Ausdruck hat er sich entschuldigt, die Frage aber stehenlassen. Und es gab sehr nachdenkliche, sehr offenherzige Antworten.
Aber dann griff Springers *Berliner Morgenpost* die Sache mit einem Hetzartikel auf. Die Folge: dauernde Anrufe bei dem Professor, Morddrohungen, Ultimaten, er solle alles zurücknehmen, was er gesagt und gefragt hatte, sonst würde er in den Wannsee geworfen. Ich riet ihm, die Polizei zu benachrichtigen. Schon um zu testen, ob sie Bürger auch gegen Terror von rechts schützt. Ich war gespannt auf ihre Reaktion. Ich erfahre später, sie haben ihn geschützt.

Der Briefkasten ist rot. Es könnte sein, er ist nur neu gestrichen und hing dort schon 1932. Damals meldeten kleine Tagesschilder, ob er schon geleert sei: »Montag, Dienstag ...« Aber sie waren eigentlich überflüssig. Der Postbote kam pünktlich, jeden Vormittag um zehn Uhr. Ich erwartete ihn sehnsüchtig. Denn wir schrieben uns täglich, der Bruder des Mädchens, das meine Frau werden sollte, und ich. Beide Oberprimaner, er unglaublich zuverlässig und fleißig, akkurat gekleidet, ein schöner Junge. Ich faul und sehr leichtsinnig in allen Schulangelegenheiten und auf Schönheit nicht bedacht. Es war die große, die einzige wirkliche Freundschaft meines Lebens. Was schrieben wir uns? Es waren die heißen Sommertage, in denen das Ende begann, das uns damals als Anfang eines neuen Lebens angekündigt wurde. Preußen war im Handstreich vom Reich besetzt worden – ein Leutnant und zehn Mann. Und nichts als eine Klage beim Reichsgericht als Antwort. Herr von Papen regierte. Und wir beiden Siebzehnjährigen stritten uns über viele Briefseiten – er schon ganz auf der Seite der neuen Bewegung, ich noch zögernd, fragend und wohl in einem unklaren, aber einfachen Rechtsgefühl verletzt.
Ich schrieb in einer Sommerlaube vor der Fritzeschen Villa,

einem schon damals finster und baufällig wirkenden Haus, in dem meine Mutter und ich in zwei kleinen Dachzimmern eine billige Ferienwohnung gefunden hatten. Vor mir lag das kleine Tal mit seinem Bach, rechter Hand ging der Weg hinauf in die hohen Berge. Wir hatten mit Mädchen nichts im Sinn und waren uns selbst genug. Und meine Mutter war es lächelnd zufrieden.

Heute erscheint mir jener Sommer wie das letzte freie Atmen vor dem Unheil, das kommen sollte, wie ein Gewitter. Sechs Jahre später erst sollte ich Saalberg wiedersehen. Die Mutter war tot. Ich reiste mit der Schwester des Freundes – damals ein unerhörter Vorgang, noch nicht verheiratet. Es war der 1. Oktober 1938. Das Datum muß den Jüngeren erklärt werden, und auch die meisten Alten haben es vergessen. Das Münchner Abkommen war wenige Tage alt, die Angst vor dem von allen erwarteten Krieg um das Sudetenland verflogen. Wir hatten in einer kleinen Pension zwei Zimmer gebucht. Wir hätten das ganze Riesengebirge mieten können. Die Gäste hatten sich aus Furcht davongemacht. Die deutschen Truppen waren über die Berge in die Randgebiete der Tschechoslowakei einmarschiert. Die Grenze auf dem Kamm der Berge verschwunden, die Steine mit dem »D« und dem »ČS« schon beseitigt, die Wanderwege, die Wälder, die Hotels leer. Wir liefen stundenlang, ohne einen Menschen zu sehen. Wir wußten nicht, daß wir nur eine Gnadenfrist von neun Monaten haben sollten. Vielleicht ist es diese irreale Szene, die Saalberg, diesen vergessenen Ort, für meine Frau und mich unvergeßlich gemacht hat. Eine Woche im tiefsten, im gefährdetsten Frieden. Am 15. Oktober ging ich in das verbotene Predigerseminar nach Elberfeld.

Jetzt also, 50 Jahre danach, fahren wir langsam über die alten Wege. Der Ort wirkt wieder wie ausgestorben. Es regnet leicht. Das Fahren wird schwieriger, aber schließlich halten wir vor dem Haus des 1. Oktober 1938. Große polnische Ta-

feln. Carol übersetzt. Ein Jugendheim für einen Betrieb aus Wroclaw. Hinter dem Haus ist noch eine Baracke gesetzt. Auch hier kein Mensch. Die Türen verschlossen. Die Zimmer, in denen wir gewohnt haben, zeigen bunte Gardinen. Das ist es also, nach einem Menschenalter, nach diesem Leben – 1932 – 1938 – 1984. Ich stehe und schweige. Die Luft ist feucht und warm. Der Wald riecht nach Pilzen. Ende der Reise. Wir wenden mühsam und fahren zurück, immer noch langsam, aber bergab, bergab. Und heute, da ich dies schreibe, beschließt der Deutschlandtag der Jungen Union im geteilten Berlin, die polnische Westgrenze sei trotz des Warschauer Vertrages nicht völkerrechtlich anzuerkennen. Was diese jungen, ahnungslosen Laffen sich da wohl gedacht haben mögen? Bergab, bergab. Sie sind jedenfalls nie in ihrem Leben über die Oder hinausgekommen.
Was mag Carol wohl denken über den schweigsamen alten Mann neben ihm, dem Deutschen? Er fragt, ob wir in Hirschberg Station machen wollen. »Unter den Lauben« – das ist der alte, schöne Markt mit seinen Rundbogengängen. »Ja, eine Tasse Kaffee täte jetzt gut – wenn es sie gibt.« – »Es wird sie geben.« Es gibt sie. Wir sitzen im Freien unter den Steinbogen, unter vielen fröhlichen Menschen, vielen Kindern, die buntes Eis essen. Gelenia Gora heißt der Ort nun. Der Regen hat aufgehört. Eine milde Sonne scheint auf die nassen Straßen. Wir fahren zurück nach Breslau. Müde. Was war es – nur Schmerz?

1. 12. 1984. Brief an den ältesten Enkelsohn: (*Aktion Sühnezeichen*, Tel Aviv)
»Du schreibst, Du wüßtest überhaupt nicht, was Du nach Deiner Rückkehr aus Israel nach Deutschland machen möchtest. Ich komme Dir heute mit einem Vorschlag, den Du bitte nicht gleich als völlig irrsinnig verwerfen solltest. Ich schlage Dir allen Ernstes vor, Jura zu studieren. Ich will es begründen.

Ihr alle, die Ihr mir nahe seid, geht in die Sozialberufe, in die schönen Künste, in den Journalismus, in irgendein Orchideenfach, womöglich und endlich in die Theologie. Ich verstehe das so gut. Aber genaugenommen ist dies alles eine Flucht. Wenn man die Hoffnung nicht völlig aufgegeben hat, in diesem Lande noch irgend etwas verändern zu können, muß man dorthin gehen, wo es am schwersten ist und wo über Jahrhunderte das Hauptübel unserer Gesellschaft liegt. Lion Feuchtwanger – ich habe gerade sein hinreißendes, bitteres Buch über das München der 20er Jahre ausgelesen – nennt es den ›Jahrmarkt der Gerechtigkeit‹. Je älter ich werde, je mehr ich darüber lese, je genauer ich die eignen Erfahrungen über fünfzig Jahre sammle: Der Krebsschaden dieses Landes liegt in einer Klassenjustiz, die sich trotz Weimarer Republik, trotz Grundgesetz, trotz mancher mutiger Richter und Gerichte im Prinzip nicht geändert hat. Der Feind steht weiterhin links und nicht rechts. Eigentum höher als das Leben. Der Buchstabe ist wichtiger als der Geist. Zwar wachsen langsam die Jahrgänge der Studentenrebellion nach. Aber es sind zu wenige. Auch sie weichen oft aus: in die Sozial- und Arbeitsgerichte. Die Strafkammern und Senate werden gemieden oder noch nicht erreicht. Dort sitzen in großer Mehrheit die Angepaßten, die gnadenlosen Verfolger. Aber die Rechte zu studieren, nun genau an diese schwierige Front zu gehen, wäre das Richtige. Du kannst Anwalt oder Richter werden, von mir aus auch Staatsanwalt oder Polizeipräsident. Ja, schrei nicht. Du wirst ein glänzendes Examen machen, wie Schily. Und wenn alles nicht klappt, kannst Du ja – leider – als Jurist alles werden in diesem Lande. Sogar Intendant.
Ich mute Dir also zu, die Blumengärten zu verlassen und den Acker der Wirklichkeit zu betreten. Denk darüber nach, bitte. Und sage nicht von vornherein nein. Dein

Großvater ist nicht verrückt. Es grüßt Dich in Liebe Dein alter Heinrich.«

Die letzte Nacht in Breslau, wahrscheinlich in jedem Sinne. Nach menschlichem Ermessen werde ich nicht noch einmal nach Schlesien fahren. Ich weiß noch, daß das Einschlafen schwierig war. Gedanken an den nächsten Tag. Die lange Rückreise. Hätte ich nicht Carols Angebot, seinen Wagen zu benutzen, annehmen sollen? Ich weiß auch, daß ich in dieser Nacht meine Träume hatte. Die üblichen Träume seit Jahren, die ja alle Verfolgungsträume sind. Aber dann kamen wohl Bilder, Menschen, an die ich gedacht hatte, anders als in Berlin. Zu Hause, nun so dicht an ihrer, meiner Vergangenheit. Träume. Verschwommen, und doch seltsam genau. Träume.

Der Freund. Der Bruder meiner Frau. Er war ein schöner Junge. Wenn einer mit 26 Jahren fällt, bleibt dieses Gesicht. Ich alter Mann sehe ihn so jung wie damals, als ihn am letzten Tage des Krieges in Frankreich 1940 die Kugel traf. Ein Kamerad erzählte später, es habe so ausgesehen, als sei er bewußt ins Feuer der französischen Maschinengewehre hineingelaufen. Ausgeschlossen ist das nicht nach diesem brennenden Leben. Als Primaner noch angezogen vom nationalen Aufbruch, trat er, nach einer düsteren Erfahrung im freiwilligen Arbeitsdienst plötzlich ernüchtert, für die Sache der Bekennenden Kirche ein. Er war viel tapferer als ich. Gefallen ist er, weil er den andern Schicksalsstempel des Militärarztes im Wehrpaß hatte: »Tauglich«, »Untauglich« ich. Das große Lotteriespiel. Nun gibt es nur noch ein Grab im Elsaß auf wieder französischem Boden.

Sein Bild ist ganz klar im Traum. Die Jungensfreundschaft wie heute: die täglichen Besuche, die endlosen Streitgespräche in den Unheilsjahren 1932/33, der Bruch, als ich eher als er belehrt wurde, wer Hitler war. Schweigen über ein Jahr. Seine Wiederkehr. Größere Gegensätze sind schwer vorzustellen: er fleißig und genau, ich in allem, was Schule und Studium anging, eher leichtsinnig und auf mein Glück vertrauend, er immer korrekt gekleidet, ich schon etwas schlampig, ein bißchen der Tonio Kröger bei Thomas Mann. Und eben im heftigen Widerstand gegen meine Liebe zu seiner Schwester. Das mag Eifersucht gewesen sein, die Angst, mich zu verlieren. Aber auch die Sorge, was dieses Mädchen wohl alles würde aushalten müssen als meine Frau. Und damit hat er ja auch recht behalten.

Was hat sie ausgehalten? Die schwierigsten Jahre wohl doch allein in jenem Dorf, das die Nazis Röstfelde genannt haben und das Roschkowitz hieß. Ein besonderer Ort: polnischsprechende evangelische Einwohner, die 1920 bei der Volksabstimmung für ihren Verbleib im Deutschen Reich gestimmt hatten. So wurde der Gottesdienst bis zu Hitlers Zeiten in polnischer Sprache gehalten – für die wenigen Deutschen gab es um 11 Uhr einen zweiten Gottesdienst. Ich war, nachdem der Pfarrer (auch ein deutschnationaler Reserveoffizier) schon 1941 gefallen war, vom Patron der Gemeinde, dem alten Herrn von Cramon, nach Roschkowitz berufen worden. Die alten autoritären Patronatsrechte halfen in der Nazizeit ohne viel Umstände auch mißliebige, vorbestrafte Pastoren anzustellen. Aber es war ja eine Berufung auf dem Papier. Ich selbst war Soldat. Nur meine Frau zog tapfer in den Ort an der Grenze. Das Pfarrhaus alt und kalt und voller Mäuse; vor allem aber außer den Bewohnern des Gutshauses, dem prachtvollen Lehrer und einem Bauern kein Mensch, mit dem sie reden konnte – nein, schön war das Dorf wirklich nicht. Eine lange Straße, Felder, bis an die Prosna, den früheren Grenzfluß, weite Horizonte, ja, aber schreckliche Einsamkeit. Ich hatte in den guten Zeiten, als ich mit Hilfe meiner Freunde in der Kreisstadt Kreuzburg Dienst tun konnte – bei einem Wachkommando für ein britisches Zivilinternierungslager –, zwar am Wochenende die Möglichkeit, ins Dorf hinüberzufahren. Aber diese Be-

suche nach der Uhr – oft auch »schwarz«, ohne Urlaubsschein – waren immer nur neue Abschiede. Das Schlimmste war ein unverschämter Ortsgruppenleiter, ein Lehrer aus dem Nachbardorf, der in regelmäßigen Abständen meiner Frau versicherte, nach dem Endsieg kämen zuerst die Kirche und die Pfarrer dran. Mit diesem Unfug sei dann Schluß. Der Mann blieb seiner Gesinnung treu. Er wurde in der sowjetischen Zone ein fanatischer Kommunist. In Roschkowitz wurde das zweite Kind, der Sohn, geboren. Ich durfte ihn eine Woche nach der Geburt noch taufen. Dann wurde der Strafantritt in der Festung Glatz befohlen.
Was hat sie ausgehalten? Nun, vor allem natürlich das, was über alle Frauen mit ihren Kindern hereinbrach im Winter 1944/45 in den östlichen Provinzen Preußens. Und was sie, jede allein, völlig auf sich gestellt, erlitten haben. Das war ja am Ende des vorigen Krieges das Groteske: Verteidigung der Zivilbevölkerung gab es schon damals nicht mehr. Ich saß im Stab des Generals von Grolman im Schloß der Esterházy in Ungarn, wohlbehalten, als am 18. Januar die Flucht meiner Frau begann bei eisiger Kälte mit zwei kleinen Kindern, vier und zwei Jahre alt. Der Nazi-Ortsgruppenleiter hatte übrigens als einzige die Pfarrfrau nicht geweckt am Tage, bevor die Rote Armee über die alte Reichsgrenze kam. Vom Gutshaus kam ein entsetzter Anruf, ob meine Frau denn nicht aufbrechen wolle. Sie hat es dann mit dem letzten Zug, der den nahegelegenen Bahnhof verließ, noch geschafft, zuerst noch ein Stück nach Polen hinein, auf die Front zu und dann nach Breslau zu den Eltern. Sie kommt dort an, begegnet im Treppenhaus einem Offizier: »Um Gottes willen, verlassen Sie sofort die Stadt, Breslau wird zur Festung erklärt.«
Sie gerät durch die Freundlichkeit eines Soldaten verbotenerweise in einen Lazarettzug, kommt bis Bunzlau und später von dort nach Görlitz. Im Kinderwagen den kleinen Sohn, an der Hand Ilsebill, die winzige Habe im Rucksack.

Sie wird durch diese Fahrt bewahrt vor dem viel Schlimmeren. Als der irrsinnige Befehl, Breslau zur Festung zu machen, vollzogen wird wie eine Hinrichtung auf Zeit, werden die Alten, die Frauen und Kinder auf die Straße gejagt, zu Fuß im tiefsten Winter. Tausende sterben. Jawohl. Aber den mörderischen Befehl gaben Deutsche, nicht die Sowjets oder die Polen. Und Hanke, der Verbrecher, damals Gauleiter von Schlesien, setzte sich dann rechtzeitig mit dem Hubschrauber ab.
Das dauernde Warten auf immer neue Züge mit unbestimmtem Ziel war schon elend genug. Der Kampf um einen Platz im Güterwagen, die Übernachtung in zugigen Wartesälen. Die Frau mit ihren Kindern fährt auch durch Dresden, einen Tag vor dem Inferno des lodernden Untergangs dieser Stadt unter den Bomben des 13. Februar.
Sie schlägt sich bis Celle durch zu den Verwandten – wir hatten es verabredet. Im Stab in Ungarn wußte man wenigstens, wo die Zonengrenzen laufen würden. Sonst wußte man nichts. Nacht für Nacht hing ich am Telefon. Die Stabsvermittlung – die unvergeßliche Stimme einer Telefonistin in der Festung Breslau – stellte die verbotenen privaten Verbindungen her. Ich konnte, von Angst gejagt, den Weg der kleinen Familie einigermaßen verfolgen – meistens, wenn Ilse schon nicht mehr an dem Ort war, wo ich Freunde, den Pfarrer und auch unbekannte Menschen anrief.
Dann verlangte ich »Celle«. Ich glaube, in Abständen von zwei Tagen. Ich kam sogar durch. Immer dieselbe Antwort: »Nein, sie sind noch nicht da.« Die Frau des Generals war auch nicht mehr auffindbar. Da entschloß sich Grolman – gegen alle Vorschriften – den Obergefreiten Albertz auf die Reise zu schicken. Ich erhielt Blankodienstausweise mit seiner Unterschrift und den Befehl: »Suchen Sie die Frauen.« Die abenteuerliche Unternehmung begann mit einem Flug nach Dresden in einer schüttelnden, eisig kalten Frachtmaschine. Zwei Stunden Marsch durch die noch rauchende

Trümmerstadt. Endlose Wagenkolonnen mit zu Puppengröße verkohlten Leichen. Ich hatte eine Adresse, wo Frau von Grolman hätte sein können. Sie war nicht angekommen. Ich versuchte, mich nach Celle durchzuschlagen – am Henker vorbei. Denn die Feldpolizei suchte nach Deserteuren. Nur die Unterschrift »Generalleutnant und Chef des Stabes einer Heeresgruppe« auf meinen Ausweisen rettete mich. Ich kam ins zerstörte Hannover. Wieder das Telefon in einem ramponierten Postamt. Nun ganz nah. »Ist Ilse, sind die Kinder da?« – »Nein« – eine atemlose Schreckenspause –, »sie ist gerade einkaufen gegangen.« Ich schrie und heulte. Zwei Stunden später war ich bei ihnen. Einen ganzen Tag. Ich mußte zurück. Ich fand auf dem Rückweg auch die Generalsfamilie in einem Forsthaus bei Dresden. Der Befehl, die Frauen zu finden, war ausgeführt. Ich berichtete Grolman über den Zustand der Heimat. Ich mußte den Bericht vor dem versammelten Offizierskorps wiederholen. Sie waren ahnungslos. Sie verteidigten, was nicht mehr zu verteidigen war. 1945. Was wäre heute?

Ja, im Traum kommen die Gesichter, die Gesichte. Was die Frauen, meine Frau, Tausende von Frauen, damals ausgehalten haben, darf nie vergessen werden. Ich vergesse es nicht. Und wehre mich zugleich leidenschaftlich gegen alle Aufrechnung dieser Leiden zu dem, was den Polen, den Sowjets, den Juden geschah. Der gerechte Zorn Gottes war über uns hereingebrochen. Sie, die Schwächsten, haben aushalten müssen, was wir Deutschen angerichtet, geduldet oder gar gewollt hatten. Hitler hat sie auf die eisigen Straßen getrieben. Der johlend begrüßte »totale Krieg« des Herrn Goebbels. Die Lehre vom östlichen Untermenschen.

Oh, ihr Gesichter. Wie man vor Freude weinen kann. Fassungslos weinen. Nichts ist mehr da, kein Hab und Gut, aber eine geliebte Frau und zwei Kinder, gezeichnet von den Strapazen, aber fröhlich: »Was hast du mitgebracht?« Ich habe etwas mit: gestohlene Stabsschokolade.

Ich liege, vielleicht wieder wach, in dieser letzten Nacht in Breslau, das nun Wroclaw heißt. Ja, es heißt Wroclaw. Ich kann den polnischen Hotelprospekt, der auf meinem Nachttisch liegt, nicht lesen.

20. 2. 1985. Es ist eine lange Pause im Schreiben eingetreten. Weihnachten und über meinen 70. Geburtstag hinweg. Was alles ist geschehen seitdem! Sie sind ja wie die Wahnsinnigen. Da haben wir nun über Wochen hin die unselige Debatte über das Motto der Vertriebenenfunktionäre: »Schlesien ist unser« erlebt. Da haben sie alle mitgemacht. Voran Leute, die Schlesien nie gesehen haben, weder zu deutscher noch zu polnischer Zeit, der Kanzler aus Oggersheim voran. »Schlesien gehört allen Deutschen.« Die Herren Hupka und Czaja mit ihren typisch deutschen Namen, der letztere hat nie im alten Reichsgebiet gelebt. Da reden sie, subventioniert aus Bundes- und Landesmitteln für kulturelle Heimatpflege, diesen verbrecherischen Unsinn. Da wirken sich nun die absurden Gesetze aus (habe ich sie mitbeschlossen?): Noch Kinder und Kindeskinder der Schlesier, Ostpreußen, Pommern, Sudetendeutschen sind »Vertriebene«. Meine Kinder und Enkel! Mit ihren Füßen fest in Bremen und Siegen und Berlin. Was ist das? Ich habe schon öffentlich ein Bild gebraucht: Ich hatte zu allem Überfluß zu Beginn des Jahres eine Gürtelrose. Der Arzt erklärte mir, der Hautausschlag sei nicht die Krankheit, der sei nur ein äußeres Symptom. Die elende Diskussion über die polnische Westgrenze ist nur die Folge von einem Übel, das viel tiefer steckt und letzten Endes auf den Tatbestand zurückführt, von dem ich seit Jahren rede und schreibe. Viele unter uns (wie viele?), übrigens in beiden deutschen Staaten, haben immer noch nicht begriffen, was Hitler, nicht als ein Naturereignis, sondern von der Mehrheit der Deutschen gewollt, über uns gebracht hat, daß wir den Krieg verloren und nicht gewonnen haben, daß es keinen Verzicht mehr braucht, daß die Oder-Neiße-Linie festgeschrieben ist. Sollten die Polen zurück nach Gali-

zien? Will Herr Hupka Oberpräsident von Schlesien werden? Und was heißt heute »Vertriebene«? Dieses Buch ist ein Dokument des Schmerzes über einen unwiederbringlichen Verlust. Aber auch ein Dokument der Realitäten: Breslau ist Wroclaw, Königsberg Kaliningrad, Danzig Gdańsk. Und die »Vertriebenen« sind voll integrierte Bürger der Bundesrepublik Deutschland oder der Deutschen Demokratischen Republik. Die Hupkas und Czajas sind Brandstifter, wenn man ihre Sprüche ernst nehmen soll. Und die Schlesier meiner Generation werden in ihrer Mehrheit ganz sicher nicht von ihnen vertreten. Niemand kann zurück, niemand will es auch im Ernst. Die Bonner Fleischtöpfe verlassen und nach Oberschlesien gehen? Die polnische Regierung sollte es den Hupkas erlauben. Sie blieben bestimmt in Bonn. Wann werden wir begreifen, was ist? Wie wird der 8. Mai bei uns begangen werden? Dieses Buch wird noch davon zu berichten haben.

Die Rückfahrt

Wie immer zu früh aufgestanden, packen, die Rechnung ist schon in Berlin bezahlt. Im Frühstücksraum kaum Platz zu finden, eine Reisegruppe aus Lodz füllt lärmend den Raum. Touristen dieser Art sind auf der ganzen Welt gleich laut. Ich habe Zeit, noch einmal in den Park zu gehen. Der ist jetzt morgens um 9 Uhr ganz leer. Nur die Spatzen sind da und ein paar herrenlose Hunde. Diesige Luft. Aber es wird heiß heute. Abschied also, endgültiger Abschied.
Carol wartet am Wagen. Die kurze Fahrt zum Bahnhof. Er trägt den Koffer zum Bahnsteig hinauf. Bahnsteig nach Poznan, Szczecin, Posen also und Stettin. Die schlimmsten Befürchtungen werden übertroffen. Eine Menschenmauer mit unzähligen Kindern, fröhlich und bunt und mit sehr viel Gepäck, wartet auf den Zug, der ja schon überfüllt von Kattowitz kommt. Soll ich doch noch sagen: wir fahren mit dem

Auto? Aber ich bin störrisch. Carol geht, aber seltsamerweise, ohne sich richtig zu verabschieden. Ich stehe gefaßt in der Menge. Ich sehe die schwere Lokomotive am Ende des Bahnsteigs, die Menschen drücken nach vorn, gefährlich nah an die Kante. Da, eine Hand, Carols Stimme: »Bleiben, stehenbleiben hier, fest. Koffer bitte!« Ich gebe ihm den Koffer. Einen Augenblick lang habe ich den abwegigen Gedanken: Hoffentlich kommt er wieder – und schäme mich. An den Türen beginnen wahre Schlachten. Ich stehe fest, wie mir geheißen. Als ich schon unruhig werde, sehe ich Carol winken, ohne Koffer. »Bitte kommen, hier. Habe gegeben Koffer auf einen leeren Platz durch Fenster. Hab' gesagt, kommt Herr mit kaputtem Bein. Platz freihalten. Schnell. Durchkämpfen. Wiedersehen.« Wir umarmen uns.
Ich kämpfe mich durch den Gang. Über Koffer und Kisten, erreiche das Abteil. Sie müssen den Platz wie die Löwen verteidigt haben. Er ist frei. Mein Koffer steht auf den Polstern. »Dziękuję, dziękuję, danke, danke.« Sie erkennen, daß ich ein Deutscher bin. Was wird jetzt geschehen? Draußen im Gang stehen polnische Frauen und Kinder. Da sagt eine Dame mir gegenüber: »Bitte, bitte sehr, Platz nehmen. Fahre auch nach Deutschland. Habe Tante in Dortmund.« Ehe ich mich setze, reiche ich durchs Fenster Carol noch einmal die Hand. Der Zug fährt an, ein wenig stockend. Ich sitze. Ich muß mich zusammennehmen, daß ich nicht weine. Das ist der Abschied. Nie wieder sollen diese Menschen vertrieben werden.

2. 3. 1985. Da ist er nun wieder, der 2. März. Die Zeitungen bringen kleine Notizen in der Rubrik »Heute vor zehn Jahren«: Die nach der Entführung von Peter Lorenz freigepreßten RAF-Häftlinge werden mit Pastor Albertz nach Aden ausgeflogen. So gerinnt alles zu einer Druckzeile. Ich habe Peter Lorenz mit seiner Frau an meinem 70. Geburtstag wiedergesehen. Es war

über alle politischen Gegensätze hinweg eine herzliche Begrüßung. Aber der Geburtstag! Was ist schwieriger – ein Dutzend Lobreden anzuhören oder sich beschimpfen zu lassen? Eine Welle von Freundlichkeit schlug mir entgegen. Bewegend, wie breit der Kreis der Gratulanten war. Im Rowohlt-Büchlein, in dem einige von ihnen geschrieben haben, wird es besonders deutlich. Es beginnt mit zwei Beiträgen aus dem gesellschaftlichen Abseits. Da schreibt der Lehrer, der als Mitglied der kommunistischen SEW Berufsverbot erhielt und für den ich mich öffentlich vor 10000 Menschen in der Deutschlandhalle eingesetzt habe. Da schreibt Peter Jürgen Boock, dreimal zu lebenslanger Haft plus 15 Jahren verurteilt, jenes Mitglied der RAF, das nie einen Schuß abgegeben hat, sich von seinen Freunden löste, aber sie auch nicht als Kronzeuge der Bundesanwaltschaft denunziert hat. Ich bin sein Freund geworden, ja, als Seelsorger sein Freund. Und dann erst schreiben die andern: die Journalisten und Pfarrer, die Gefährten des politischen Weges, die Freunde aus der Friedensbewegung, die Schlachtenseer, die Bischöfe von hüben und drüben, Willy Brandt und Heinrich Böll. Das war schon herrlich. So war es auch bei den kleinen Festen, die wir miteinander gefeiert haben, fröhlich und ganz weit weg von den üblichen »Empfängen«, dem Gottesdienst in meiner geliebten Schlachtenseer Kirche. Der einzige Mißklang: Die SPD hatte mir ausgerechnet Hans Apel als Gratulanten geschickt. Er redete nach dem Regierenden Bürgermeister Diepgen, machte ein bißchen Wahlkampf und unterlag nach Punkten.
Nur, von diesem allen will ich nicht viel erzählen. Doch einen Text möchte ich hier gedruckt sehen. Es ist die kleine Predigt, die mir mein Freund Manfred Karnetzki, der Superintendent von Zehlendorf, am Morgen des 22. 1. 1985 gehalten hat. Eigentlich keine Predigt, nur jene wunderbare Geschichte von der Begegnung des Auferstandenen mit den Fischern, die seine Gefährten waren. Johannes hat im 21. Kapitel seines Evangeliums davon berichtet.

»Von den Jüngern Jesu wird erzählt, daß sie nach seinem Tode wieder nach Galiläa gegangen sind. Petrus, Johannes, Jakobus, Thomas und Nathanael – so heißt es – wurden wieder Fischer.
Am Ufer des Sees Genezareth warten sie auf die Nacht: Sobald die Sonne untergegangen ist, wollen sie hinausfahren und ihre Netze auswerfen.
Da bricht Petrus das Schweigen: ›Ich will fischen gehen!‹ Sie antworten ihm: ›Dann kommen wir mit.‹
So fahren sie hinaus – in die Nacht hinein, wie es ihre Gewohnheit ist. Aber sie fangen nichts. Es will ihnen nicht gelingen. Die Trauer in ihren leeren Herzen und die leeren Netze entsprechen einander.
Da tritt ein Fremder an sie heran und fragt sie nach ihrer Not: ›Habt ihr nichts zu essen?‹ – ›Nein‹, antworten sie traurig. – ›Dann fahrt noch einmal auf den See und werft eure Netze aus!‹ Das Wort des Fremden macht ihnen Mut, es noch einmal zu versuchen. Vielleicht sind wir noch nicht verloren, denken sie; vielleicht gibt es ein Zeichen, das Mut macht und Zuversicht gibt.
Da füllen sich unversehens die Netze, daß eines der Boote zu sinken droht. Das andere Boot muß kommen. So ziehen sie die vollen Netze gemeinsam ans Land. – Als sie in die Nähe des Ufers kommen, steht da wieder der Fremde, und es brennt in ihren Herzen. Einer sagt: ›Es ist der Herr!‹ Und Petrus springt ins Wasser, um schneller bei ihm zu sein. – Da ist ein Feuer entzündet. Es liegen Fische darauf, und Brot ist da. Ein Mahl ist für sie bereitet. Der Fremde sagt: ›Bringt auch von euren Fischen.‹ Dann lagern sie sich um das Feuer. Er nimmt das Brot in die Hand, betet, teilt es unter sie und gibt ihnen die Fische. Sie nehmen es und essen. Und keiner fragt: ›Wer bist du?‹ Die Gewißheit – ES IST DER HERR – ist tiefer. Sie braucht keine Bestätigung. – Hat er nicht zu ihnen gesagt: ›Ich werde wiederkommen!‹

So wird er immer wieder zu ihnen kommen – erwartet und doch fremd.
Das ist die Geschichte – für den heutigen Tag erzählt. Ich will daraus keinen Schlüssel machen, um eine Lebensgeschichte zu entschlüsseln. Sondern sie soll das bleiben, was sie von Anfang an gewesen ist: eine Ermutigung. – Mag sein, daß uns dabei manche Ermutigungen in den Sinn kommen, die wir erfahren haben. Das ist gut so. So kann sie uns helfen, Zuversicht für das Kommende zu gewinnen.

I.

Wir sehen die Jünger bei der Arbeit. Ihre Arbeit ist Mühsal, das kennen sie schon. Sie geschieht zum guten Teil im Dunkel der Nacht. – Manchmal lohnt sich die Arbeit. Sie ernährt Frauen und Kinder. Dann haben sie alle Hände voll von Arbeit und – Gewinn. Aber jetzt will ihnen nichts gelingen. Nach der Kreuzigung ihres Meisters Jesus in Jerusalem sind sie wieder an den See zurückgekehrt. Aber gefangen haben sie nichts. Vielleicht arbeiten sie einfach weiter, um nicht in Verzweiflung zu fallen.
Arbeit ist Mühsal. Das kennen wir schon. Sie ernährt Frau und Kinder. Aber manchmal ist sie vergeblich. – Wenn einer Pastor ist und Politiker wird und wieder Pastor, dann will er wohl zuerst und zuletzt Menschen für das Reich Gottes gewinnen, aber zugleich für etwas mehr Vernunft: für die Fähigkeit, zu trauern und in dem anderen ein Geschöpf Gottes zu sehen. Da gibt es Zeiten, wo nichts gelingen will. Die Netze bleiben leer – und vielleicht auch das Herz. Und doch arbeitest du weiter – um nicht zu verzweifeln.

II.

Aber dann wird es Morgen, und ein neuer Tag bricht an.

Die Fischer sind noch müde von der Nacht und der Arbeit. Am liebsten würden sie jetzt wohl schlafen, um nichts mehr zu sehen und zu hören. Aber da ist einer, der sagt: ›Werft eure Netze noch einmal aus!‹ Da ist eine Stimme, die ihnen gebietet, noch einmal hinauszufahren, und die Stimme hat Kraft. Jetzt tun sie es, um dieses Gebotes willen, und jetzt sind ihre Netze voll.
Vielleicht ergeht es dir auch so: Du bist müde von viel Vergeblichkeit und Mühsal. Am liebsten möchtest du nichts mehr hören und sehen. Aber dann ist der Tag da, und du hörst seine Stimme durch Anfechtung und Zweifel hindurch. Jetzt gilt nicht mehr Rücksicht oder Vorsicht, sondern nur ›das Tun des Gerechten‹, wie es Dietrich Bonhoeffer genannt hat. Die Netze sind voll, und du hast viele Menschen gewonnen. Jetzt ist es nicht mehr dein Verdienst, sondern Gnade – von Anfang bis Ende. Und du ahnst, was das heißt: die Freiheit eines Christenmenschen.

III.

Du kehrst zum Ufer zurück.
Und in deinem Herzen ist noch der aufgewühlte See, das Gefängnis vielleicht, in dem du gewesen bist als Gefangener oder als Besucher, das Flüchtlingslager, die Wohnsilos, die Menschen zu Gefängnissen werden können, das Rathaus oder – das ferne Aden.
Du kehrst zum Ufer zurück, und es ist ein Feuer entzündet und ein Mahl bereitet. Und die vertrauten Menschen sind da: die Frau – die Kinder und Kindeskinder – die Freunde – die Gemeinde, versammelt um einen Tisch. Das Brot wird gebrochen und geteilt. Und du sagst: Es ist der Herr! – unser Bruder und Herr Jesus Christus, der uns geboten hat, die Netze auszuwerfen und Menschen zu gewinnen; er ist da, um uns zu stärken und zu trösten. Die Gewißheit seiner

Gegenwart ist tiefer, als unsere Worte es sagen können.
Und wir teilen diese Gewißheit mit dir.
Amen.«

4. 3. 1985. Aufschreiben will ich etwas über die nachträgliche Geburtstagsfeier, erst vorige Woche, drüben in der Hauptstadt der DDR, Berlin (Ost). Die Behörden dort hatten mir zweimal die Einreise verweigert. Im Herbst vorigen Jahres zu einer Teilnahme an der kirchlichen Friedenswoche in Mecklenburg – das war wohl eine bürokratische Panne. Ernster war eine Zurückweisung ein paar Wochen danach. Ich hatte schon den »Berechtigungsschein für ein Visum«. Aber an der Grenze erschien ein Offizier mit dem stereotypen Satz: »Ihr Aufenthalt in der Deutschen Demokratischen Republik ist derzeit unmöglich.« Keine Begründung. Die kam dann schnell heraus: Ich sollte bei einem Gespräch mit einer Friedensgruppe in Pankow abträgliche Äußerungen über die Regierung der DDR gemacht und zum Widerstand aufgefordert haben. Nun – Spitzel des Staates sind auf der ganzen Welt die gleichen. Sie können meistens nicht lesen und schreiben. Ich rede niemandem nach dem Munde und sage offen, was ich meine, hüben und drüben. Was die Herren vom Staatssicherheitsdienst aber aufgeschrieben haben, war wirklich barer Unsinn. Ich war ziemlich wütend. Hier versuche ich als einer der letzten, der winzigen kommunistischen Minderheit ihre schmalen Rechte zu erhalten – dort bin ich ein Staatsfeind. Zwischen den Stühlen.
So war die Einladung zu einer Nachgeburtstagsfeier auch ein bißchen ein Test, ob dieser Unsinn aus der Welt geschafft sei. Wir fuhren hinüber – an der Grenze diesmal ohne irgendeinen Aufenthalt: meine Frau, Bischof Scharf und Herr von Wedel, der für die DDR zugelassene Westberliner Anwalt. Es gibt nahe dem Bahnhof Friedrichstraße ein christliches Hospiz, das den Krieg überstanden hat. Ein kleines, gut geführtes Hotel und Restaurant. Also nicht einer der neuen Prachtbauten für Devisenausländer. Es ist, als beträte man ein Haus aus dem Jahre 1930.

Gutbürgerlich, wie es damals war. Ein besonderer Raum mit einer Hufeisentafel, festlich gedeckt. Und da warteten sie schon, die Freunde. Es war, als ob man nach Hause käme. Der neue und der alte Bischof von Berlin-Brandenburg (Ost), die Freunde aus Thüringen und Mecklenburg, die Jugendpfarrer, die Pankower, dazwischen ein paar Freunde aus West-Berlin. Und noch einer kam mit seiner Frau: der Rechtsanwalt und Notar Dr. Vogel, der großartige Mensch, der Vermittler und Brükkenbauer zwischen Ost und West, dem Tausende ihre Haftentlassung, ihre Familienzusammenführung, ihre Ausreise verdanken, auch in den extremsten Situationen: in unserer Vertretung in Ostberlin, in der Botschaft in Prag. Wir saßen nebeneinander. Wir redeten viel. Wir hörten zu: besonders dem alten, unverwüstlichen Generalsuperintendenten Dr. Günter Jacob. Die Bekennende Kirche war im Raum, die Nazizeit, die Jahre danach, die Spaltung, die Mauer, alle Wunden, die schmerzen, waren zu spüren. Aber wir waren beieinander – »eines Sinnes«, wie es in der Bibel heißt. Es war ein heiterer, warmherziger Abend. Welcher Deutsche kann seinen Geburtstag in beiden deutschen Staaten feiern? Aber auch dies steht im Neuen Testament: Der Herr Jesus Christus gehe durch verschlossene Türen. Er war wohl heimlich dabei.
Wir fuhren glücklich zurück: selbstgebackenes Brot, Blumen, Bücher, viele Bücher im Auto. Im April soll ich in Schwerin und Rostock predigen. Ich hoffe, diesmal hebt sich der Schlagbaum.

Der Zug fährt langsam über die Oderbrücke nach Norden. Es wird warm im Abteil, die meisten rauchen, auch ich. Die Dame, die Deutsch kann, erzählt von ihren Verwandten im Ruhrgebiet. Die übliche Geschichte: Nachkommen der polnischen Einwanderer aus dem vorigen Jahrhundert. Sie blieben. Wir fahren über die alte, nun unsichtbar gewordene Grenze zwischen Schlesien und Posen. In Leszno steigt ein Ehepaar aus. Die Plätze sind in Sekundenschnelle wieder

besetzt. Links von mir ein sehr beleibter Mann, um es höflich zu sagen. Er muß so alt sein wie ich. Er unterbricht das deutsche Gespräch, beginnt sehr laut zu reden, ich verstehe kein Wort. Aber ich bilde mir ein, er redet von uns Deutschen, ich glaube, das Schreckenswort Oświecim/Auschwitz zu hören, Majdanek. Ich weiß es nicht. Es kann reine Phantasie sein. Die andern hören kaum zu – so wie hierzulande kaum noch einer zuhört, wenn von jenen Jahren die Rede ist – jenen Jahren. Er redet sicher eine halbe Stunde, wird immer erregter – und schläft plötzlich, mitten im Satz, erschöpft ein. Er neigt sich nach rechts, sein schwerer Körper ruht sich an meiner Schulter aus. Ich rühre mich nicht, will ihn nicht wecken. Aber die Last schmerzt und drückt. Vielleicht hat er auch nur von seiner letzten Reise erzählt. Die Frau gegenüber sagt, ich solle mich doch rühren. Ich frage sie nicht, wovon er gesprochen hat. Es dauert lange bis zum nächsten Halt, er wacht auf und sagt: »Pardon, entschuldigen.« Vielleicht hat er wirklich nur von seinen Kindern gesprochen. »Bitte, bitte sehr.« Die Gespenster sind im Raum. Es ist wie eine Befreiung, als der Zug endlich im Posener Hauptbahnhof einfährt. Die Glieder sind völlig steif. Ich klettere die Stufen aus dem Wagen hinunter. Die Frau sagt: »Vielleicht sehen wir uns wieder, nachher.« Ich habe sie nicht wiedergesehen.
Ein unbeschreibliches Gewimmel. Aber ich habe Glück. Finde ein Restaurant und sogar einen Platz. Das Gepäck nimmt mir eine freundliche Garderobenfrau ab. Nun esse ich wie jeder Pole, nicht in einem internationalen Hotel. Die Unterschiede sind beträchtlich.
In Posen ist meine Frau geboren. Ich hätte in die Stadt gehen können, kenne die Straße, aber tue es nicht. Ich kann es mir nicht erklären. Ich hole das Gepäck wieder ab und gehe auf den Bahnsteig 1. Der Zug nach Berlin geht erst in zwei Stunden. Es gibt keine Bank zum Ausruhen. Ich laufe hin und her, 20 Schritte hin und her, um den Koffer im Auge zu be-

halten. Schließlich setze ich mich auf eine Fensterbank. Die Füße können den Boden nicht berühren. Die Menschen fluten an mir vorbei. Es ist Feierabend. Züge fahren ein und aus. Der russische Schlafwagenzug hält mit geschlossenen Gardinen ein paar Minuten, ohne daß sich eine Tür öffnet – nach Paris, Hoek van Holland, Hamburg. Wie ein Besatzungszug, reserviert für die Amerikaner, zweimal täglich von West-Berlin nach Frankfurt. Gespenster, Gespenster?
Merkwürdigerweise wird die Zeit nicht lang. Aber ich bin wie in einem gläsernen Zustand. Nun wirklich in der Fremde.
Endlich fährt mein Zug von Warschau nach Berlin ein, und wieder ist die erste Klasse fast leer. Platzkarten. Sauberkeit. Ich falle in das Polster und denke: nun noch fünf Stunden. Endlich, endlich nach Hause. Ja, so war es.
Es ist von dieser Rückfahrt nicht viel zu berichten. Auf jener Geisterstation des Rangierens – Reppen – treffe ich die jungen Leute aus der DDR, denen es geglückt war, ein Visum für Polen zu erhalten. Sie haben praktisch dieselbe Reise gemacht wie die Jungens aus Ludwigshafen, mit denen ich in Breslau zusammentraf. Sie haben dasselbe erlebt, dieselben Wertungen. Deutsche in Ost und West fühlen sich in jedem Sinne oberhalb der polnischen Lebenssituation. Nur nachdenklicher sind sie: Was geschähe, wenn bei uns eine freie Gewerkschaft versucht würde? Die Antwort wissen sie besser als ich.
In Frankfurt/Oder steht plötzlich der Geldwechsler vor mir, der mich in seinem Luxusauto nach Breslau gefahren hat. Er kannte meinen Rückreisezug, wünscht nun fröhlich und unbefangen »Gute Reise« und verschwindet im Gegenzug nach Warschau – vielleicht findet er wieder einen Fahrgast. Der letzte Pole dieser Reise. Die Organe der DDR kommen mit dröhnenden Stiefeln und Stimmen in den Gang: »Die Pässe bitte.« Lautes Deutsch. Zu Hause. Zu Hause? Ja, natürlich, zu Hause (Ost). Es ist, wie wenn ein Film, ein Ton-

band zurückgedreht wird: grotesk und schrill. Nein, ich habe nun endgültig genug von Zügen. Halten und anfahren, sitzen und im Gang stehen. Viel zuviel rauchen. Die Stunde von Frankfurt (Oder) bis Berlin Ostbahnhof wird quälend lang. Ich springe fast aus dem Wagen, laufe zur S-Bahn hinüber, um die endlosen Kontrollen im Zug zu vermeiden. Gehe zu Fuß im Bahnhof Friedrichstraße über die Grenze. Erreiche, noch in der DDR, den westlichen S-Bahnzug nach Wannsee. Es geht alles ganz schnell. Vom Bahnhof Zoo rufe ich an: »Ich komme, lebst du noch? Gott sei Dank!« Vier Tage nichts gehört, weil der Sozialismus offenbar das Telefonieren ins Ausland nicht schafft. Taxe. Es ist fast elf Uhr. Zu Hause, zu Hause. Die Reise ist zu Ende. Ich bin in Berlin (West), amerikanischer Sektor. Mein Bürgermeister heißt Diepgen, mein Präsident Reagan.
Meine Frau heißt Ilse.

Zweiter Teil
Jahre

In Berlin

Ich kann das Jahr nicht mehr genau bestimmen, in dem ich als Junge aus Breslau das erste Mal Berlin, die Hauptstadt des Reiches, besucht habe. Zuerst mit meiner Mutter. Hindenburg war schon Reichspräsident. Wir standen lange vor seinem Wohnsitz in der Wilhelmstraße, der alten Reichskanzlei, um die Ablösung der Wache zu erleben – wohl nicht im Stechschritt der Nationalen Volksarmee wie heute vor dem Grabmal der Gefallenen und Ermordeten Unter den Linden, aber doch recht stramm und mit einem preußischen Marsch. Meine Mutter verehrte den alten Herrn wie einen Vater, zu dem sie Vertrauen hatte. Erst 1934 nach dem Blutbad im Röhm-Putsch, von Hindenburg als rechtens abgesegnet, erkannte sie zu spät, welches Unglück dieser Mann für Deutschland war. 1926 wartete sie darauf, ihn wenigstens am Fenster oder gar ausfahren zu sehen. Einmal ist es uns nach stundenlangem Stehen geglückt. So tief saß das Vertrauen, so rettungslos deutschnational waren – jedenfalls die preußischen – evangelischen Pfarrhäuser.

Aber später durfte ich dann allein fahren zu Onkel und Tante in die Hohenstaufenstraße in Schöneberg. Bei diesen Besuchen in den »kleinen« Ferien habe ich mir die Stadt erobert. Der nächste U-Bahnhof war der Viktoria-Luise-Platz. Zehn Pfennig kostete eine Schülerfahrkarte für das ganze Verkehrsnetz. Ich fuhr stundenlang gegen die Vorschriften um die ganze Stadt, atemlos die Treppen hinauf und hinunter, der Geruch der Bahnhöfe war eine Droge, die Tunnel ein Traumland. Das große, ganze Berlin von Staaken bis Köpenick und Wannsee bis Tegel. Und die S-Bahn fuhr ja weit über die Stadtgrenzen hinaus – bis Potsdam oder Oranienburg und Erkner. Von diesen Fahrten kenne ich die Stadt noch heute bis in die letzten Winkel, nicht aus den Zeiten als Senator oder Bürgermeister. Was müssen es die eingeflogenen großen Herren heute schwer haben, sich zu-

rechtzufinden, der unglückselige Herr Apel in diesen Tagen kurz vor seiner Niederlage!
Mich, den elfjährigen Jungen, interessierten nicht Theater und Museen. Ich muß zugeben, sie waren nicht mein Berlin. Berlin, das waren die Menschenströme am Potsdamer Platz, die riesigen Bahnhöfe, ja, damals sogar noch die Luft. Noch kein Smog und Gestank – und, auch wenn es eine herrliche Einbildung war, sie wirke wie Sekt. Ich muß zu meiner Schande gestehen, daß ich die wenigen großen Aufführungen in den Staatstheatern vergessen habe. Theater beginnt bei mir erst wieder 1955 nach dem endgültigen Einzug mit meiner Familie in Berlin. Der Onkel, eben jener hohe Richter am Kammergericht, muß eher amusisch gewesen sein. Dafür durfte ich mit einer sehr viel älteren Cousine in ihrem Paddelboot auf die Seen, wenn sie nicht von ihren Freunden beschlagnahmt war. Ich himmelte sie von ferne an – im Sonnenglast auf der Havel. Keine Bojen mit Grenzzeichen – der Müggelsee noch offen für alle. Erst im Herbst 1932 war der Onkel für mich erkennbar ernster geworden. Bei Tisch wurde fast nur von dem kommenden Unheil gesprochen. Das Rechtsgefühl des Richters war durch den Staatsstreich Papens gegen Preußen tief verletzt. Was mich damals am meisten irritierte, waren seine zynischen Bemerkungen über das Reichsgericht, an das sich die fortgejagte preußische Regierung mit einer Klage gewandt hatte. »Das Reichsgericht, ausgerechnet das Reichsgericht.« Er sollte schrecklich recht behalten. Es war, für mich nicht selbstverständlich, ein liberales Haus.
Der »große«, so viel ältere Bruder wohnte in Spandau. Die Wohnung des Superintendenten lag direkt an der Havelbrücke, dort, wo die Spree mit ihrer großen Schwester zusammenfließt. Man sah auf die Dampferanlegestelle und jenseits des Flusses auf den Turm von St. Nikolai. Auch der Bruder war ein »Liberaler«, theologisch und politisch. Es soll endlose Streitgespräche zwischen meinem streng kon-

servativen Vater und dem Abweichler gegeben haben. Das Abweichen bestand schon darin, daß er wohl die Demokraten und später die Staatspartei wählte und dann, als es 1933 zu spät war, die SPD. Aber jedenfalls war er einer der ganz wenigen Pfarrer, die zur Republik standen. Seine Fahne war Schwarz-Rot-Gold. Man muß sich das vorstellen können: dies war in jenen bürgerlichen Ständen eine Ausnahme. Ich habe meine Begegnung mit ihm, Pfingsten 1933, geschildert. Jene Begegnung, die mein Leben entschied. Ich habe mir den Text noch einmal durchgelesen – zusammen mit Helmut Kindler. Er war nicht überzeugt von diesem, wie ich zugebe, sehr verkürzten Bericht. Aber es war so, ich kann es nicht ändern. Ich lebte in einer Welt, die darauf angelegt war, den Faschismus zu gebären. Und die evangelische Kirche gehörte zu dieser Welt. Das ist bitter, aber wahr. Martin Niemöller war freimütig genug zu sagen, daß er 1933 noch die Nazis gewählt habe. Alle Väter der Bekennenden Kirche, mit ganz wenigen Ausnahmen (zu denen eben mein Bruder und Kurt Scharf gehörten), haben ihre deutschnationale Vergangenheit und Gegenwart. Widerstand wurde nicht wegen der Verfolgung von Juden, Sozialdemokraten und Kommunisten wach, nicht wegen des offensichtlichen Marsches in den nächsten Krieg, sondern wegen der Eingriffe staatlicher Gewalt in die Rechte und Glaubensüberzeugungen der Kirche. Es ist ehrenvoll, daß der Anlaß für die Gründung des Pfarrernotbundes der Versuch der Einführung des elenden Arierparagraphen für Pfarrer war. Aber 1933 ging es zunächst nur darum und um die völkischen Phantasien der Deutschen Christen, die die Einheit des Alten und Neuen Testamentes aufbrechen, das Judentum Jesu leugnen und anstelle der alten Bekenntnisse ihre schwülstigen nationalen Gefühle setzen wollten. Es ist ganz unmöglich, hier die Geschichte der Bekennenden Kirche aufzuschreiben. Das haben andere sehr nüchtern getan. Das Nein der sich wehrenden Pfarrer und Gemeinden war kein

politisches Nein – jedenfalls nicht im Anfang des Unheils. Zu den Konzentrationslagern, zum 30. Juni 1934, zum Ausbruch des Krieges wurde – bis auf wenige tapfere, nur selten an die Öffentlichkeit gelangte Papiere – geschwiegen. Dietrich Bonhoeffer hat nie auf einer Fürbittenliste der Bekennenden Kirche gestanden, weil er eben den Rubikon zum wirklichen politischen Widerstand bis hin zum Attentat auf den Mörder Hitler überschritten hatte. Das alles ist nach dem Kriege 1945 im Stuttgarter Schuldbekenntnis und deutlicher in dem sogenannten Darmstädter Wort von 1946 ausgesprochen worden. Alles andere ist Legende.
Aber das macht den Weg der resistierenden Pfarrer und Gemeinden nicht minder aufregend und ehrenvoll. Denn die Einrichtung der »Bruderräte«, im Protest gegen die praktisch verstaatlichten Konsistorien und Bischöfe von Nazis Gnaden als Notkirchenregiment eingesetzt, war offene Rebellion. Die Ausbildung von uns jungen Theologen an verbotenen Hochschulen und Seminaren war in den Augen der Nazis eine unglaubliche Frechheit. Sie in illegalen Kommissionen zu prüfen, als Pfarrer zu ordinieren offener Aufstand. Mein Bruder, für diese Ausbildungsfragen in Altpreußen zuständig, hat dafür bitter büßen müssen. Er wurde aus dem Amt gejagt, die Rechte des geistlichen Standes wurden ihm abgesprochen, er kam für Jahre ins Gefängnis – und hielt durch. Er konnte dies nur, weil Gemeinden hinter ihm standen, seine eigne zuerst, ehrlicher: der größte Teil dieser Gemeinde. Er zog aus der Kirche in einen Laden, hielt dort seine Gottesdienste, bis die Schergen Hitlers ihn verhafteten und deutsche Richter, die sicher auch nach 1945 noch in Moabit ihres Amtes walteten, ihn verurteilten.
Dies alles habe ich sehr nah miterlebt, als ganz junger Student, als Vikar, dann freilich in Breslau. Aber doch in Zwischensemestern 1935 und 1936 in Berlin, in Dahlem, zu Füßen von Martin Niemöller. Berlin in der Nazizeit: erlebt in einer Gemeinschaft, der einzigen Gemeinschaft, die offen

nicht das sagte und tat, was von ihr verlangt wurde. Wo hat es das sonst noch gegeben? Die Herren Lehrer und Professoren, die Ärzte und die Juristen, die »braven« alten Polizeibeamten, die Intendanten und Dirigenten, sie sagten und taten, mit wenigen Ausnahmen, was ihnen befohlen war. Selbst die Reichsbahn fuhr schweigend die Todeszüge nach Auschwitz. Und die Generale, die einzigen, die dem Spuk hätten ein Ende bereiten können, waren in ihrer großen Tapferkeit auf ihre roten Streifen bedacht, auf nichts anderes. Von Flick und Krupp und IG-Farben ganz zu schweigen – und vom unübersehbaren Heer der zivilen Beamten.

Ja, es gab Widerstand, beachtliche Beispiele. Namenlose Arbeiter, die Antifaschisten voran. Sie oder ihre zurückgelassenen Frauen waren es vor allem, die unter Lebensgefahr jüdische Mitbürger versteckten. Ich habe viele von ihnen kennengelernt, weil ich sie ehren durfte in den 60er Jahren als »Unbesungene Helden«.

Ja, es gab Widerstand von einzelnen und Gruppen. Willy Brandt hat mir und inzwischen ja auch öffentlich erzählt, wie er 1937 seine Freunde im Untergrund in Berlin besuchte. Ich war im gleichen Jahr häufig in Berlin. Wir wußten nichts voneinander.

Wilhelm Leuschner, nach seiner Entlassung aus dem KZ 1935, Julius Leber seit 1937 aus Esterwegen entlassen, seit 1939 Adolf Reichwein, sie alle in Berlin bis zu ihrer Hinrichtung. Ich kannte sie nicht. Von den Berliner Männern und Frauen der sozialistischen Gruppe »Neu Beginnen« hatte ich im Gefängnis in Glatz erfahren, von der »Roten Kapelle« von Adolf Grimme nach 1945, als wir gemeinsam Minister in Hannover waren. Das alles sind nur Beispiele. Aber außer in der Dahlemer Gemeinde, die ihre Verbindungen in die Ministerien, in die Oberkommandos des Heeres und der Luftwaffe, zum Abwehrdienst des Generals Oster und Admirals Canaris hatte, gab es keine Verbindungen zwischen uns »Jungen Brüdern«, den Pfarrern der Be-

kennenden Kirche, und wirklich »politischem« Widerstand. Dietrich Bonhoeffer bleibt der einzige unter den Konsequenten. Wir saßen auf den Inseln des Glaubens und des Gebetes. Wir halfen Juden, jawohl. Aber sonst war Berlin eine Stadt der Feindseligkeit gegen uns Christen, die wir wenigstens das Erste Gebot ernst zu nehmen versuchten. Und Berlin war natürlich wegen seiner Größe, seiner Weitläufigkeit, seiner idealen Verkehrsverbindungen ein besserer Platz für uns als irgendeine andere deutsche Großstadt. Nur hier war die verbotene Kirchliche Hochschule für eine begrenzte Zeit durchzuhalten, weil wir ausweichen und der nicht sehr intelligenten Gestapo ein Schnippchen schlagen konnten.
So war es damals seltsam schizophren für uns, in der Hauptstadt des Großdeutschen Reiches zu leben: die geballte Macht der Nazis jede Stunde vor Augen und doch in unseren kleinen, ach so kleinen Schritten in den Bekennenden Gemeinden am Leben. Und: Kaum einer, kaum eine Gruppe hat vom andern, von der anderen gewußt. Erst in den Gefängnissen Hitlers, erst nach der Befreiung erkannten wir uns.

9. 3. 1985. Ich bin mit dem kleinen Hund allein im Haus. Meine Frau ist in Bremen. Es riecht schon nach Frühling. Aber nun fällt wieder Schnee. Die Amseln singen schon, unbeirrt, in die Kälte. Morgen werden die Berliner wählen. Die einzige Unbekannte: ob die unsägliche Mehrheitsbeschafferin, die sich Freie Demokratische Partei nennt, die 5-Prozent-Hürde nimmt. Herr Diepgen bleibt in jedem Fall im Amt. Die Alternative Liste wird kräftig zunehmen. Die SPD kann im besten Fall tolerieren, was geschieht, saft- und kraftlos und mit einem ungeliebten Spitzenkandidaten. Es ist ein Jammer, mit anschauen zu müssen, was hier verwirtschaftet worden ist. Aber die Stadt, die halbe, eingemauerte, lebt.

Berlin (West). Ich stelle fest, daß ich immer weniger aus meinem kleinen überschaubaren Schlachtenseer Bezirk hinausfahre. Wie auf dem Dorf lebt man hier. Jeder kennt jeden, nicht mit Namen unbedingt, aber jeder weiß, wann der andere seinen Hund spazierenführt, wie ein alter Mann aus dem Altersheim nebenan seinen Stock hält, wann ein neues Auto angeschafft worden ist. Seit die Wannseebahn wieder fährt, kommt alle zehn Minuten das gleiche vertraute Geräusch durchs Fenster. Und schaute man nicht genau hin, könnte dies ebenso ein Vorort von Hamburg oder Hannover sein. Alles läuft ganz normal. Der Transitverkehr durch die DDR ist ungestört, wer will, kann ohne große Strapazen in den andern Teil der Stadt, ins andere deutsche Land fahren – wenn er nicht grade Albertz heißt.

Diese Normalität ist schwer erkämpft worden gegen die kalten Krieger auf beiden Seiten. Sie muß wie ein Augapfel gehütet werden. Aber sie birgt auch die Gefahr, nicht mehr genau hinzuschauen, sich an alle Absurditäten zu gewöhnen, den eigenen Nabel zu betrachten – das Eis ist immer noch dünn.

Viel Traurigkeit ist in der Liebe zu dieser Stadt, die man nicht verlassen will. Auf meinen neuen Schwerbeschädigtenausweis haben sie den Stempel gedrückt: »gültig bis Februar 2000«. Oh, lieber Gott und Vater im Himmel, so lange läßt Du mich hoffentlich nicht mehr leben. Dabei sind 70 Jahre hier in meiner nächsten Umgebung ein fast jugendliches Alter. Hier stirbt man mit 80 oder 85. 90 Jahre sind keine Seltenheit. Und viele dieser alten Frauen – denn meist sind es ja Frauen – sind lebendiger als ihre Enkel. Das große Altersheim Berlin (West). Hier leben sie, die Witwen der hohen preußischen und Reichsbeamten, der Professoren und Generale, auch mancher finsterer Figuren der Nazizeit. Heydrich hatte hier sein Haus und andere hohe SS-Chargen. Aber auch der Bruder von Jochen Klepper lebt noch hier. Die deutsche Vergangenheit ist gegenwärtig.

Nun, ich bin an meinem Hund zu erkennen. Ich habe es nur ein Jahr ausgehalten ohne einen solchen Gefährten. Zweimal am Tage gehen wir zur Rehwiese, bei jedem Wetter, und spielen Ball. Wie lange wird er da noch spielen, der alte Mann? Manchmal morgens begegne ich einem Enkelkind, wenn es auf dem Fahrrad zur Schule fährt. Das Herz wird warm, so schnell Sabine vorüber ist – »Guten Morgen, guten Morgen«. Da fahren sie hin zu ihren Leistungsnoten und kleinen oder großen Verliebtheiten. Werden sie alt werden können? Ich winke ihnen nach, nicht lange, nicht zu lange.
Es schneit immer noch. Die Amsel sitzt still auf einem Ast ganz dicht vor meinem Fenster, als störe es sie nicht. Und der Hund schläft nun, um 11 Uhr vormittags. Die Post kommt.

13. 3. 1985. Die Wahlen sind vorüber. Hier in Berlin ist es schwer, nicht verzweifelt zu sein. Nicht weil Eberhard Diepgen mit der alten CDU-FDP-Koalition im Amt bleibt – das war so oder so auch ohne den FDP-Erfolg zu erwarten. Nicht einmal wegen der verheerenden Niederlage des Hamburgers Hans Apel und der SPD – sondern weil wir auf unserer Insel nun anscheinend völlig vom Trend der Wahlergebnisse des Bundes abweichen. Der strahlende Sieg Oskar Lafontaines an der Saar, die Verluste der CDU in Hessen – das geht alles an uns vorbei. Wir sind im Augenblick parteipolitisch »eine besondere politische Einheit«. Das Bewußtsein der Berliner Wähler ist völlig auf die eigne Stadt konzentriert, wo »stabile Verhältnisse« das Wichtigste zu sein scheinen. Wie sehr wir vom Bund und den andern Ländern abhängig sind – ohne Stimme im Bundestag und Bundesrat –, das wird kaum mehr zur Kenntnis genommen. Und für Bonn spielt Berlin (West) eher eine exotische Rolle – trotz aller Betriebsausflüge von Fraktionen an die Spree. Hier ist mit Subventionen alles, aber auch alles zu regeln. »Lassen wir Berlin einmal außen vor«, sagte Willy Brandt gestern im Fernsehen. Ich verstehe, warum. Er wollte möglichst schnell

von der Saar und von Hessen sprechen. Aber es schmerzt aus seinem Munde.

Die Berliner SPD – ich habe sie oft genug geschildert – ist praktisch am Ende ihrer politischen Wirkungsmöglichkeiten. Hans Apel geht zurück nach Bonn, der Landesvorstand tritt zurück. Am besten wäre, man löste den Berliner Landesverband auf und gründete einen neuen. Einen Verband, der endlich einsieht, daß uns von außen nur noch schwer zu helfen ist. Eine Gemeinschaft, die nicht mit dem Sumpf der 70er und frühen 80er Jahre und ihrer Kette von Skandalen belastet ist. Nun, das sind vermutlich Illusionen. Nach dem Schock wird wieder Ruhe eintreten, dieselben Namen und Gesichter werden wiederkehren.

Von den Grünen, unserer Alternativen Liste, schreibe ich gar nichts. Ich weiß nicht, ob sie einsehen werden, daß das Parlament ihr wichtigster Platz ist. Ich weiß nicht, ob sie erkennen, daß Träume, die sie nicht aufgeben sollen, etwas anderes sind als die erforderliche tägliche, mühselige Arbeit. Ich kann es nur hoffen. Sie vertreten die »andere Stadt«, jawohl. Aber sie sind Teil des Ganzen, von dem sie ja auch leben – im wörtlichen Sinn: auch sie in großer Mehrheit im öffentlichen Dienst.

Aber was ist Berlin (West)? Nach dem Urteil des Bundesverfassungsgerichtes, die Spitze juristischen Sachverstandes, besteht das Deutsche Reich in seinen Grenzen von 1937 fort. Also ist »Schlesien unser«, Westpolen nur besetztes Gebiet, die DDR Inland. Ihre Bürger haben Anspruch auf einen westdeutschen Paß, es gibt nur *eine* Staatsangehörigkeit, und Berlin (West) gehört natürlich – so die Sprachregelung – zum »übrigen Bundesgebiet«. Das ist die reine Lehre. Wer in Sonntagsreden von ihr abweicht, ist ein Landesverräter, wer sagen würde, die Besetzung der westdeutschen Botschaft in Prag durch DDR-Bürger sei Hausfriedensbruch, Erpressung und Nötigung, also zu bestrafen wie Hausbesetzungen in Kreuzberg oder Straßenblockaden in Mutlangen,

würde für irrsinnig erklärt. Bei Berlin (West) ist man etwas vorsichtiger. Hier legt man sich mit allzu vollem Munde ja nicht nur mit der Staatsdoktrin des Ostens, sondern mit den Westmächten an. Außerdem ist die Wirklichkeit im schlichten Alltag offen oder verdeckt eine völlig andere. Die Bundesrepublik Deutschland muß Berlin (West) aushalten – in jedem, vor allem im finanziellen Sinn. Dadurch ist das besondere Gebiet der drei Berliner Westsektoren ein »Bundesland« wie kein anderes sonst. Es kann nicht einmal seinen Haushalt souverän beschließen. Über 50 Prozent seiner Ausgaben trägt längst der Bund. Würde dieser Hahn zugedreht, gingen sofort alle Lichter aus in meiner lieben Stadt. Also einerseits: Berlin (West) gehört wie kein anderes Stück Deutschland zum Bund, in völliger Abhängigkeit. Andererseits stoßen wir auf Schritt und Tritt auf die alliierten Vorbehalte. Die Liste ist lang: die oberste Gewalt der Siegermächte im ganzen und in allen Sicherheitsfragen im besonderen. Der besondere Ausweis, die anderen Briefmarken – Gott sei Dank: dasselbe Geld. Solange es wie nirgendwo sonst als in dieser Stadt der Subventionen und Spekulationen die kleine Inselwelt regiert, ist alles in Ordnung.
Aber bitte: Kein Aufschrei kann es aus der Welt schaffen – wir sind mit westdeutscher Unterschrift sogar Ausland. Wenn ich mir in München eine Fahrkarte nach Berlin Zoo kaufe, erhalte ich eine Auslandsfahrkarte, mein Gepäck wird mit besonderen Formularen als Auslandsgepäck deklariert. Das gilt für den gesamten Personen- und Warenverkehr zu Lande und zu Wasser. Mich stört es nicht. Aber es zeigt an einem einzigen Beispiel, wie schizophren die Lage ist: Wir gehören, ich wiederhole, zur Bundesrepublik wie kein anderer Teil Deutschlands, und wir bleiben das Gebiet, das nicht »vom Bund regiert werden« darf. In den äußerlichsten Dingen sind wir sogar Ausland. Aber die Sonntagsredner der westdeutschen Regierung fahren ja nicht mit der Eisenbahn. Die obersten von ihnen zu meinem jahrelangen

Kummer nicht einmal mit zivilen, sondern mit alliierten Militärmaschinen.

19. 3. 1985. Es kommen nun die Nachberichte, Analysen, Bilder der Wahl vom 10. März in die Zeitungen und Fernsehsendungen. Zwei Bilder haben mich besonders bewegt: Das eine zeigt das gedämpft-fröhliche, jugendliche Fest der Alternativen, das andere die Feier der Schickeria, die als »Bürgerinitiative« das Geld für den Wahlkampf der FDP aufgebracht hat. Vor einem überladenen Büffet die Immobilienhändler, Ärzte und Zahnärzte mit ihren Frauen. Ich mag den Bürgermeister Diepgen persönlich sehr. Daß er seine satte Mehrheit diesen Leuten verdankt, sollte ihn immer wieder nachdenklich machen.
Im übrigen ist der Wahlkampf mit wirklichen Horrorvisionen geführt worden. Die Springer-Presse überbot sich mit Schauergemälden für den Fall, daß SPD und AL eine Mehrheit bekämen: »Autos raus« – »Alliierte Schutzmächte raus« – »Gefängnisse öffnen« – »Schulpflicht abschaffen« – »Lösung vom Bund« – »AL kommunistisch unterwandert« – »Nazimethoden« – »AL im Umfeld der Terroristen«.
In Dortmund geht in einem Kaufhaus eine Bombe hoch. Auch daran sind die Grünen als Sympathisanten schuld. Die Wahllokale sind gerade geschlossen, da kommt die Meldung, der Attentäter war ein völlig unpolitischer Lehrling, der sich wichtig tun wollte, ohne jede Beziehung zur RAF. So spielt der Zufall der Ermittlungsergebnisse und ihrer Bekanntgabe durch die Behörden. Ach, unsere braven Sozialdemokraten!
Sind sie so brav? Was werden sie nun tun? Der junge, linke Oskar Lafontaine in Saarbrücken, der Enkel Brandts; der ältere, rechte Hans Apel in Berlin, der Musterschüler von Helmut Schmidt – Symbolfiguren von Zukunft und Vergangenheit? Der Sieger und der Geschlagene? So einfach wird es nicht sein. Aber die Zerreißprobe darf nicht durch Formeln, die wegen ihrer Unverbindlichkeit von allen gebilligt werden können, umgangen werden. Das gilt auch für die Gewerkschaften, für den

Rest der radikalen Demokraten in unserem Lande. Die Versuchung, sich jetzt öffentlich einzumischen, ist groß. Ich werde ihr widerstehen. Dies Buch erscheint erst im Herbst.
Und während sich diese Seiten füllen, sitzen die beiden Riesen wieder an einem Tisch in Genf. Auch der Wechsel der Macht in Moskau hat den Termin nicht verschoben. Gorbatschow ist 54. Ein sowjetisches Führungswunder.

Säße ich heute im Bundestag und müßte mein Ja oder Nein zu dem Gesetz sagen, das nun schon den makabren Namen »Auschwitzlüge« erhalten hat, ich wäre unsicher in meiner Entscheidung. Nicht weil ich den deutschnationalen Argumenten des Vorsitzenden der CDU-Fraktion folgen wollte oder gar dem absurden Aufrechnungsvorschlag: hier ermordete Juden, dort vertriebene und auf eisigen Straßen umgekommene Deutsche – sondern weil ich zornig oder traurig, zornig und traurig bin, daß die verdrängte Vergangenheit, die versäumte Reinigung ein solches Gesetz überhaupt notwendig macht. Daß wir nach 40 Jahren noch immer Deutsche unter uns haben, die die Verbrechen von Auschwitz, von Majdanek und Treblinka leugnen, daß es Zeitungen und Bücher gibt, die dieses Leugnen unter die Leute bringen können, ist ja doch nicht nur der Unverschämtheit oder Dummheit einiger weniger Unbelehrbarer zuzuschreiben. Wir alle sind schuld daran, weil wir nicht sofort und mit allen Konsequenzen das Menschheitsverbrechen der von Hitler befohlenen und bezahlten Mörder ans Licht gebracht, weil wir Prozesse verschleppt oder gar nicht begonnen haben oder mit Hilfe der westlichen Siegermächte die Hauptschuldigen wieder laufengelassen und zu neuem Rang und Ehren gebracht haben. Wenn die Witwe des Mörders Freisler mehrere Renten erhält, kann doch alles gar nicht so schlimm gewesen sein.
Darum wirkt der so verspätete Gesetzentwurf, der heute zur Beratung ansteht, so gespenstisch. Ich würde im Endergeb-

nis für ihn stimmen müssen, um vor den überlebenden Juden nicht schamrot zu werden. Aber an sich gehörten die Leute, um die es sich hier handelt, und ihre journalistischen und juristischen Helfershelfer in eine Heilanstalt. Dort sollten ihnen täglich die Filme vom Grauen in Auschwitz und anderswo vorgeführt werden. Oder man sollte mit Hilfe der polnischen Regierung sie nach Auschwitz schicken und die Kinderschuhe zählen lassen, Schuh um Schuh der ermordeten Kinder, die Koffer der ins Gas Getriebenen. Vielleicht würden sie dann endlich schweigen.

27. 3. 1985. Zwischen Söhnen und Enkeln hin und her gerissen. Fridolin ist gestern gekommen, nach eineinhalb Jahren Dienst für *Aktion Sühnezeichen* in Israel. Ein Brief von Peter-Jürgen Boock liegt vor mir auf meinem Schreibtisch – aus dem Gefängnis in Hamburg über die Zensur der Richter in Stuttgart in immerhin zehn Tagen bei mir angekommen. Die Urteile prasseln jetzt nur so. Jetzt gibt es einen Strafantrag von achtmal »lebenslänglich« in Stammheim. Peters Strafe ist also weit übertroffen. Man hat fast Hemmungen, immer wieder dasselbe zu schreiben: Das sind unsinnige Strafen. Eine kleine Gruppe von Juristen, Psychologen und Theologen prüft zur Zeit, ob sie mit einem Vorschlag an die Öffentlichkeit treten soll: Streichung der Paragraphen, die, 1977 eingeführt, zu solchen Urteilen zwingen. Mord bleibt Mord. Aber es soll und darf nur bestraft werden, wenn der Mord dem einzelnen Täter persönlich nachgewiesen werden kann, wie den SS-Mördern. Sonst ist es Beihilfe. Aber es ist völlig irreal, daß ein solcher Vorschlag aufgegriffen wird – außer vielleicht von den Grünen. Wir haben gerade wieder erlebt, wie zwei ihrer Abgeordneten ins Kreuzfeuer geraten sind wegen eines Briefes an inhaftierte Terroristen. So wird es auf lange Sicht bei der jetzigen barbarischen Regel bleiben. Barbarei gegen Barbarei.
Peter Boock. – Hier ist der Brief, den er anläßlich meines 70. Geburtstages geschrieben hat:

»Ein kahler Raum, das Oberlicht schräggestellt und vergittert, darunter zwei nackte Neonröhren, ein Tisch mit einem Plastikaschenbecher, vier Stühle dazu, an den nikotinvergilbten Wänden drei Kleiderhaken und ein roter Alarmknopf, das ist die ›Einrichtung‹. Der bechriebene Raum befindet sich in einem Gefängnis, in seiner lieblosen Kahlheit könnte er genausogut in einer psychiatrischen Klinik, einem Obdachlosenasyl oder einem Erziehungsheim zu finden sein. Er signalisiert Endstation. Seinem Äußeren sieht keiner die Wichtigkeit an, die er für die Gefangenen hat. Für die, deren dünner Draht zur Realität außerhalb der Mauern noch nicht gerissen ist, ist er der wichtigste Raum im ganzen Gefängnis, denn in ihm werden die Besuche ›durchgeführt‹. Hier scheitern Beziehungen, hier trifft die Sprachlosigkeit von drinnen auf die Vorurteile von draußen, hier finden Versöhnungen statt, hier treffen Ängste auf die Liebe, die sich auch durch diese Umstände nicht zerstören läßt.
›Durchgeführt‹ werden die Besuche, das Wort ist entlarvend, es paßt zu diesem Raum, so wie es zu der Prozedur paßt, der sich zu unterwerfen hat, wer ihn betreten will. Der Weg ist lang bis in diesen Raum. Erst der Antrag beim Richter, dann die Genehmigung der Staatsanwaltschaft, schließlich die Telefonate zur Besuchsterminierung, die Durchsuchung beim Betreten des Gefängnisses, mißtrauische Fragen, mißtrauische Blicke, all das für eine halbe Stunde Besuch, mit einem uniformierten Beamten als Zuhörer. Wer das hinter sich hat, ist nicht mehr unbefangen, dem fällt es schwer, die oft übersteigerten Erwartungen des besuchten Gefangenen zu erfüllen. Räume wie dieser machen Menschen nackt, egal, wie sie bekleidet waren, als sie ihn betraten.
Der Raum, von dem hier die Rede ist, befindet sich in

der Haftanstalt Stuttgart-Stammheim. Zweimal habe ich hier Heinrich Albertz getroffen. Besuche, die sich schon äußerlich unterschieden haben von anderen, denn sie wurden nicht – wie es sonst bei allen anderen die Regel ist – vom Landeskriminalamt überwacht. Zweimal habe ich erlebt, wie die Souveränität und die heitere Gelassenheit eines Menschen es vermag, die Kälte und die Kargheit einer solchen Umgebung aufzuheben. Ich möchte hier nicht den Verlauf dieser Besuche schildern, sondern versuchen, die Bedeutung aufzuzeigen, die sie für mich gewonnen hat.

Einiges muß ich vorwegschicken, um die Entwicklung zu verdeutlichen, die ich durchleben mußte, bis es mir überhaupt möglich war, eine Beziehung zu jemand wie Heinrich Albertz zu entwickeln.

In Stammheim habe ich in Untersuchungshaft gesessen, als ich dort nach einem fünfzehnmonatigen Verfahren wegen Mitgliedschaft in der Roten Armee Fraktion, dem Raketenanschlag auf das Gebäude der Bundesanwaltschaft und der Mittäterschaft bei den Anschlägen auf Ponto und Schleyer zu einer Strafe von dreimal lebenslänglich und weiteren fünfzehn Jahren Haft verurteilt wurde. Aus meiner Sicht war das ein nur dürftig verschleiertes Todesurteil, ein politisches Urteil, das nach einem Verfahren gefällt wurde, das von vielen, die es beobachtet haben, als Farce empfunden wurde. Dazu muß noch gesagt werden, daß ich die RAF 1980 nach einem längeren Lösungsprozeß verlassen habe und nach einem Jahr legalen Lebens (allerdings unter falschem Namen) Anfang 1981 in Hamburg unbewaffnet verhaftet wurde.

Der Name Heinrich Albertz war mir schon aus der Zeit in der RAF geläufig. Die Rede kam öfter auf ihn, wenn von der Lorenz-Entführung und der Befreiung von fünf inhaftierten Genossen/innen durch die Berliner Gruppe

2. Juni gesprochen wurde. Auch als es darum ging, zu Beginn eines Hungerstreiks gegen die unmenschlichen Haftbedingungen in den Hochsicherheitstrakten einen Vermittler zu benennen, war sein Name im Gespräch. Aus unserer damaligen politischen Sicht war Heinrich Albertz das, was wir als einen ›liberalen Arsch‹ bezeichneten. Er hatte sich deutlich von der Gewalt als Mittel in der politischen Auseinandersetzung distanziert, beteiligte sich aber nicht an der pauschalen Vorverurteilung derer, die Anfang der siebziger Jahre in den Untergrund gegangen waren. Die harten Worte bei der Abqualifizierung seiner Position zeigen schon die Ambivalenz, die es in der RAF Menschen gegenüber, die einen differenzierten Standpunkt zu ihr einnahmen, immer gegeben hat. Trotz Mißtrauens und Abgrenzung gab es immer noch soviel Vertrauen in die Integrität Heinrich Albertz', daß er als Vermittler vorstellbar war. Damals galt für uns das, was wir als ›Primat der bewaffneten Politik‹ bezeichneten. Von daher ist vielleicht verständlich, daß wir uns berechtigt glaubten, alle Menschen danach zu beurteilen, ob und wie sie für unsere Zielsetzung funktionalisierbar waren. Um nicht mißverstanden zu werden, Heinrich Albertz hat sich nie funktionalisieren lassen. Ich denke aber, wenn man wie wir jemand zum Vermittler benennt, weil man davon ausgeht, daß die moralische und politische Position demjenigen gar keine andere Wahl lassen und er nicht ablehnen kann, dann muß das wohl als Funktionalisierung bezeichnet werden.
So jedenfalls sah unser Kalkül damals aus, und so sind wir mit vielen Menschen umgegangen, und es hat eine geraume Zeit gebraucht, bis ich diese Denkweise überwunden hatte.
Besonders ein Umstand in der Biographie Heinrich Albertz' hat alle in der RAF – mich eingeschlossen –

immer irritiert, nämlich ein Verzicht auf die Macht. In unserer verengten Vorstellungswelt, in der Menschen in ›Kämpfer‹ und ›Schweine‹ zerfielen, war ein solcher Schritt nur als Taktik vorstellbar. In unseren Diskussionen kam es denn auch zu den merkwürdigsten Erklärungsversuchen, an die allerdings selbst diejenigen, die sie entwickelt hatten, nicht so recht glauben mochten. Es war die Rede von ›Agenten‹ wie Heinrich Albertz, die die militanten Reste der 68er Linken spalten sollten, um sie für die Sozialdemokratie und den Parlamentarismus zurückzugewinnen. Überlegt wurde auch, ob er nicht ein Zuträger des Verfassungsschutzes oder des BKA sein könne oder ob er vielleicht die Aufgabe hätte, militanten Aktionismus mit seinem ›Gesülze von den friedlichen Mitteln‹ zu kanalisieren.
Rückblickend würde ich heute sagen, daß alle diese unsinnigen Einschätzungen zu unserer ideologischen Rundumabwehr gehörten, die auf die Unterdrückung aller Meinungen hinauslief, die die Geschlossenheit unseres Weltbildes hätten gefährden können. Heute bin ich mir auch relativ sicher, daß jeder von uns mehr oder weniger starke Zweifel an der Richtigkeit dieser Analysen gehabt hat. Das hat es aber scheinbar um so nötiger gemacht, alle verunsichernden Zwischentöne auszublenden, die den Konsens hätten gefährden können.
Gerade bei Personen, deren Werdegang eine Diffamierung nicht zuließ, war die Abgrenzung am stärksten. Wohl aus diesem Grund wurde auch nie wirklich über den Widerspruch diskutiert, der sich eigentlich hätte daraus ergeben müssen, daß einerseits das Mißtrauen so groß war, andererseits aber davon ausgegangen wurde, daß Heinrich Albertz uns bestimmt nicht übers Ohr hauen würde. Dieser logische Bruch war notwendig, die Zwänge in der Illegalität machten ein simples Freund-Feind-Schema notwendig, das zu

hinterfragen tabu war, weil es den totalitären Politikbegriff der Gruppe in Frage gestellt hätte.
Ich weiß heute aus den Gesprächen mit Heinrich Albertz, daß das Verhältnis der Staatsmacht ihm gegenüber auch nicht weniger grotesk war als das der RAF. In den Springerschen Pogromblättern hat es ziemlich unverblümt gestanden, und auch führende Köpfe aus der Partei, die sich als christlich bezeichnet, haben sich nicht entblödet, Heinrich Albertz, aber ebenso auch Luise Rinser oder Helmut Gollwitzer und Heinrich Böll als ›Helfershelfer der Terroristen‹ zu diffamieren. So werden Menschen – auch heute noch – als Sympathisanten und heimliche Unterstützer abgestempelt, nur weil sie eine unliebsame politische Haltung einnehmen und sich nicht der undifferenzierten Panikmache oder der bewußt geschürten politischen Hysterie anschließen. Dieselbe Schizophrenie: Einerseits wird Heinrich Albertz das Bundesverdienstkreuz verliehen, andererseits wird er genauso peinlich durchsucht wie alle anderen, wenn er mich besuchen will. Das ist so verdächtig, daß ihm die Pfeife und der Tabak abgenommen werden, weil darin weiß Rebmann was verborgen sein könnte.
Hier wird allmählich deutlich, wo wir uns letztendlich getroffen haben, trotz der unterschiedlichen Ecken, aus denen wir gekommen sind. Vereinfacht läßt sich das vielleicht fassen mit dem inzwischen inflationär gebrauchten Begriff des ›Aussteigers‹. Er, der ehemalige Regierende Bürgermeister in der Zeit des Aufbegehrens und der Rebellion, der erst die Konsequenz der Macht erfahren mußte, um auf sie zu verzichten, ich, als Ex-Terrorist, dessen Werdegang ohne die damaligen Vorgänge sicher anders verlaufen wäre und der erkennen mußte, daß Unrecht von oben nicht notwendigerweise durch Gewalt von unten veränderbar ist. Zwischen den Stühlen haben wir uns getroffen, kein schlechter Platz

zur Überwindung der Sprachlosigkeit. Vielleicht manchmal sogar der einzige Platz in dieser Welt zunehmender Polarisierung, um aufeinander zuzugehen, denn dort kommen die Angriffe von allen Seiten. Jeder von uns in ›seinem‹ Lager, apostrophiert als Aussteiger oder Verräter, gleichermaßen unbeliebt.
Inzwischen denke ich, daß die Ängste hinter der Kategorisierung so unberechtigt nicht sind. Wir haben zwar in einigen Punkten verschiedene Einschätzungen, aber ich glaube, daß wir unser Handeln beide im besten Sinne als subversiv verstehen: dogmatische Positionen unterminieren und, wo immer möglich, aufzuweichen, Verständnis für den erklärten Gegner zu bewahren, ohne deswegen die eigene Meinung zur Disposition zu stellen, ein Politikverständnis zu entwickeln, das über die bloße Orientierung am Feindbild hinausgeht, und sich von nichts und niemand vereinnahmen lassen, trotz aller Parteilichkeit. Wir haben in unseren Gesprächen immer wieder festgestellt, auf welche groteske Art sich die Attacken und Vorwürfe aus den gegensätzlichen Lagern gleichen, oft bis zur Spiegelbildlichkeit und damit austauschbar, wenn nur die ideologischen Vorzeichen ausgetauscht werden.
Noch während ich an diesem Text geschrieben habe, hat sich etwas ereignet, was die letzten Feststellungen schmerzlich bestätigt. In einem Beschluß voller unsinniger, unlogischer und von Vorurteilen getragener Verdächtigungen, erdacht vom Richter am OLG Stuttgart Dr. Berroth, sind Heinrich Albertz weitere unüberwachte Besuche bei mir untersagt worden. Da war zu lesen, Heinrich Albertz hätte mich wohl mehr als Freund denn in seelsorgerischer Absicht besucht, so als ob das eine vom anderen getrennt werden müsse. Als Beleg für diese These muß herhalten, daß er angeblich ›unkritisch‹ den Standpunkt der Verteidigung übernommen habe,

wenn es um die Bewertung meines Verfahrens ging. Anders ausgedrückt: Öffentlich vertreten werden kann nach Meinung des Dr. Berroth nur die Meinung des Dr. Berroth, wer dennoch anderer Meinung ist, ist ein willfähriger Helfershelfer – mindestens! Eine andere, nämlich eine kritische Sicht hat laut Beschluß ›nichts mit der Realität zu tun‹, wobei das, was Realität ist, im Zweifelsfall von Dr. Berroth bestimmt wird.
Es ist also – wieder einmal – verdächtig, wer eine eigene Meinung hat und es auch noch wagt, diese kundzutun. Es darf, wer mich seelsorgerisch betreut, also nicht mein Freund sein (was sonst? Mein Feind?), eine – vorsichtig gesagt – etwas merkwürdige Auffassung von christlicher Seelsorge, die meiner Meinung nach in dieser bewertenden Form weder dem OLG noch Richard Berroth zusteht. Ich muß daraus eigentlich schließen, daß nur Kontakte zu mir als ungefährlich betrachtet werden, die mich verurteilen, sich von mir distanzieren und meine verstockte Seele den Klauen des Teufels entreißen wollen. Wer so nicht handelt, der findet sich an meiner Seite wieder. Die RAF hätte es kaum besser formulieren können.
Diese Schwarz-Weiß-Sicht war es, die während meines Verfahrens von vielen Journalisten kritisiert worden ist, daran dürfte auch Dr. Berroth gedacht haben, denn in seiner Einseitigkeit im Umgang mit Zeugen, Sachverständigen und den Verteidigern war er des öfteren Zielscheibe eben dieser Kritik. Dr. Berroth wußte sich zu helfen, er erteilte einem mir befreundeten Journalisten und einem Schriftsteller kurzerhand Besuchsverbot. Die Begründung dafür war ebenso dürftig und unlogisch wie jetzt bei Heinrich Albertz. Was mag in diesem Mann vorgehen, dessen Reaktion auf Kritik sich darin erschöpft, daß er von dem bißchen Macht Gebrauch macht, das er ausüben darf? Vom Inhalt der

Gespräche zwischen Heinrich Albertz und mir weiß er rein gar nichts.
Es wäre auch relativ einfach nachzuweisen, daß dieses Sammelsurium an Vorwürfen jeder realen Grundlage entbehrt, denn bei unseren Gesprächen waren ja immer die jeweiligen Anstaltspastoren zugegen und könnten belegen, daß es in der unterstellten Weise nie zugegangen ist. Solcherlei Rechtfertigung wäre allerdings ziemlich defensiv, sie würde voraussetzen, sich überhaupt auf die abstruse Ebene der Vorwürfe einzulassen, so als wenn die Justiz – wäre sie nur gerecht – das Recht hätte, zu beurteilen, was Seelsorge ist und was nicht. Mir tut es weh, daß eine für mich so wichtige Auseinandersetzung auf so absurde Weise unterbrochen wurde und dadurch meine Isolation um einen weiteren Stein gewachsen ist. Trotzdem will ich mich auch dadurch nicht zu einer Reaktion provozieren lassen, die die Handlungen eines Dr. Berroth im nachhinein als legitim erscheinen lassen könnten.
Von dem ersten Gespräch mit Heinrich Albertz in Stuttgart-Stammheim werden mir einige Sätze sicher immer in Erinnerung bleiben. Für mich sind sie zum Ausdruck des Verhältnisses geworden, das wir zueinander gefunden haben. Dr. Berroth hat schon recht, in ihrer Selbstverständlichkeit sind sie auch ein Ausdruck von Freundschaft, die der ständigen Bestätigung nicht mehr bedarf. Ausgangspunkt für einen dieser Sätze war eine Erörterung des Verfahrens gegen mich und eine Einschätzung des möglichen Urteils. Ich habe Heinrich Albertz noch einmal erklärt, warum ich mich auf gar keinen Fall bereit finden würde, mich von der Bundesanwaltschaft zum Zeugen gegen frühere Freunde funktionieren zu lassen. In dieser Haltung hat mich Heinrich Albertz immer bestärkt.
Daraus habe ich abgeleitet, warum ich glauben mußte,

daß die Bundesanwaltschaft die Gelegenheit nutzen würde, um an mir ein Exempel zu statuieren, das unterstreicht, daß auf ein ›faires Verfahren‹ nur hoffen darf, wer sich ihr ausliefert. Heinrich Albertz hat sich meine Argumente sehr nachdenklich angehört und schließlich gesagt: ›Ja, ich befürchte auch, daß du recht hast. Nach allem, was passiert ist, müssen wir wohl mit einem völlig überzogenen Urteil rechnen.‹ Ihm ist es sicher kaum bewußt geworden, mit welcher Selbstverständlichkeit er da ›wir‹ gesagt hat und nicht etwa ›du‹. Damit hatte er sich einbezogen in die zu erwartende Niederlage, hat sie als seine eigene angenommen und hat darüber nicht die geringste Distanz aufkommen lassen (wie es offenbar ein Dr. Berroth erwartet), er hat sich im Wortsinn solidarisch verhalten. Auch in unserem zweiten Stammheimer Gespräch gab es einen Satz, der mir wichtig geworden ist. Wir hatten über die Friedensbewegung diskutiert, über unterschiedliche Einschätzungen, was bestimmte Aktionsformen angeht, über Mutlangen und auch über die Entwicklung, die die Friedensbewegung wohl nehmen würde, wenn es zur Stationierung der Raketen käme. Heinrich Albertz war sehr erfreut darüber, daß sich die Unkenrufe der an einer Eskalation interessierten kalten Krieger aus Bonn und Karlsruhe nicht bewahrheitet hatten und sich der heiße Herbst auf die Schlagzeilen der Boulevardpresse beschränkt hatte. Als wir dann auf die mögliche Entwicklung nach einer vollzogenen Stationierung zu sprechen kamen, wurde Heinrich Albertz sehr ernst. ›Wenn die Entwicklung so weitergeht‹, sagte er, ›dann kann sehr schnell der Zeitpunkt kommen, wo wir es riskieren müssen, für unsere politische Überzeugung ins Gefängnis zu gehen, vor allem die Prominenten unter uns.‹ Er sagte dies bei einem Besuch in Stammheim, er sagte es in Kenntnis der

Konsequenzen, und er sagte es so, daß ich auch jetzt keinen Zweifel habe, daß er so handeln wird, wenn es je soweit kommen sollte.

Zum Schluß möchte ich noch etwas zu einem Punkt schreiben, der in allen unseren Gesprächen eine Rolle gespielt hat, nämlich mein Verhältnis zu Kirche und Christentum. Ich glaube an kein höheres Wesen, das wir – sei es im Guten wie im Schlechten – verantwortlich machen können für das, was wir tun oder unterlassen. Mit der Institution Kirche, dem bürokratischen Apparat also, kann ich schon gar nichts anfangen, er ist mir fremd und spielt gesellschaftlich nur zu oft eine fragwürdige Rolle. Diese Meinung habe ich auch Heinrich Albertz gegenüber dargelegt, und er hat mir in dieser Kritik in manchem Punkt zugestimmt, während er bei anderen meine Beurteilung als zu oberflächlich empfand, was wahrscheinlich auch gestimmt hat. Einig waren wir in der Einschätzung, daß ein Mensch wie Christus, würde er heute unter denen leben, die sich als Christen bezeichnen, genausowenig Chancen hätte, wie er sie zur Zeit der römischen Besatzung Palästinas gehabt hat. Es wären Christen, die ihn heute – je nach Land und Situation – foltern oder psychiatrieren, erschießen oder – günstigenfalls – ins Gefängnis sperren würden.

Mit seiner Offenheit für Kritik hat es mir Heinrich Albertz leichtgemacht, über dieses Thema überhaupt zu sprechen, denn gerade am Anfang war ich dabei doch sehr befangen ihm gegenüber. Er hat von mir keine Bekenntnisse erwartet, die ich auch nicht hätte geben können. Toleranz, Gesprächsbereitschaft und Offenheit, für Heinrich Albertz Bestandteile praktizierten Christentums, für mich essentiell für eine Gesellschaftsform, die den Namen sozialistisch wirklich verdient, in diesem Traum haben wir uns getroffen.«

So viel Verzweiflung, so viel Hoffnung, so viel Einsicht, so viel Menschlichkeit. Es ist sehr gut, daß seine Richter in Stuttgart seine Briefe lesen müssen. Einer ist dabei, der hat selbst auf einen Menschen geschossen. Das Ermittlungsverfahren gegen ihn wurde eingestellt. Natürlich. Aber in einem Zivilprozeß ist er jetzt unterlegen gegen den von ihm Verletzten. Es ist derselbe Mann, der mir die unbewachten Besuche bei Peter Boock verboten hat – ich sei kein Seelsorger mehr bei ihm, sondern sein Freund. Welche Unterscheidung! Peter Boock könnte mein Sohn sein, wie Fridolin mein ältester Enkel ist, der nur das Glück hatte, von einer Mutter geliebt zu werden, und nicht in Heimen aufwuchs – Heimen, die keine Heimat geben können.
Fridolin ist voll von seinen Erfahrungen in Israel. Ganz sensibel gegen jedes vorschnelle Urteil über israelische Politik und deren schlimme Konsequenzen, aber auch ganz zugewandt den arabischen Freunden, die er kennengelernt hat. Jurist wird er wohl nicht werden, nein, das war wohl unzumutbar. Er hat zu meinem Kummer auch die Aufnahme in die Studienstiftung des Deutschen Volkes abgelehnt, will ganz frei sein. Nun denn! Meine Frau sagt, ich dürfe ihn nicht tadeln.
Morgen ist wieder ein Geburtstag. Neun Menschen am großen runden Tisch. Unsere jüngste Enkelin, Anika, wird drei Jahre.

Agnetendorf

Die polnische Reise scheint Jahre zurückzuliegen. Die Nachrichten sind spärlich und haben immer das gleiche Klischee: das verzweifelte Bemühen der Regierung, aus der wirtschaftlichen Misere auszubrechen. Streikandrohungen des Lech Walesa; immer wohlgenährter schaut er aus, immer wird er von westlichen Fernsehkameras begleitet. Aber politisch wird sein Einfluß wohl immer geringer. Auch der Mord an einem Priester hat die Balance zwischen Kirche und Staat nicht ernsthaft gefährdet.

Hier schneit es immer noch, in Polen dann wohl auch. Schnee in Polen. Meine Frau sagt, ich sollte von jenem Haus im Schnee des Riesengebirges erzählen, im Winter 1943/44. Das sei besser als von Saalberg, dort seien wir ja noch gar nicht verheiratet gewesen. Aber das hat eine Vorgeschichte. Die Geschichte, wie der Soldat Schwejk in mir Urlaub machen konnte wie ein Zivilist. Ich war Wachsoldat bei einem britischen Interniertenlager. Die kleine Schar, die da täglich rund um die Uhr Personen mit britischen Pässen zu bewachen hatte, die gar nicht ausbrechen wollten, die kleine Schar feierte Fasching. Fasching auf oberschlesisch. Das hieß sehr viel Schnaps und sehr laute Fröhlichkeit. Meine Frau, sie wohnte ja in der Nachbarschaft, durfte als einziges weibliches Wesen mitfeiern. So konnte ich ihr den Schrekken meines vorgespielten Zusammenbruches zunächst nicht ersparen. Ich fiel nämlich plötzlich um wie ein gefällter Baum und lag stocksteif auf dem Fußboden unserer Kantine. Ich wurde ins Krankenrevier geschleppt, und der Sanitätsunteroffizier hatte alle Mühe, mich langsam wieder zum Leben zu bringen. Es ging mir wohl auch wirklich ziemlich schlecht – jedenfalls lag ich noch Tage im Bett und konnte den Mann schließlich davon überzeugen, daß ein außerplanmäßiger Urlaub angebracht war. Und: er ließ sich sogar einreden, daß ich in Zivil reisen könnte – für meinen Mannschaftsdienstgrad eine Sensation, damals in Hitlers Wehrmacht. So fuhren wir wie Zivilisten ins Riesengebirge. Eine befreundete Malerin hatte uns ihr Häuschen in Agnetendorf zur Verfügung gestellt – und so begann in der finstersten Zeit des Krieges eine Reihe von unvergeßlichen Märchentagen, als gäbe es weder Tod noch Verfolgung, als wäre tiefster Frieden.

Agnetendorf war fast leer von Menschen, und es war so verschneit, daß wir unser Haus zunächst gar nicht finden konnten. Das Haus war tatsächlich völlig eingeschneit. Ein wenig am Hang gebaut, war die Haustür unsichtbar geworden. Ich borgte beim Nachbarn eine Schaufel aus und versuchte, am Hang in den Dachboden zu gelangen. Wir fanden ein kleines Tor, durch das wohl früher das Heu eingebracht wurde, kullerten im Dunkeln eine Stiege hinunter, fanden einen Lichtschalter – und ein kleines Paradies. Vor dem Ofen war Holz gestapelt, die herrlichsten Bücher im Regal, noch ein paar Vorräte in der Küche, Wein und ein breites Bett. Auch einen Schlitten gruben wir draußen aus – wie durch Watte fuhr er. Denn es schneite und schneite, als ob die ganze blutige Welt weiß werden sollte.

Ich habe unvergeßliche Erinnerungen an diese Tage. Ich weiß, daß es gelingen kann, und sei es auch nur für kurze Zeit, die Welt zu vergessen. Die Nachrichten in Hitlers Rundfunk wurden nicht gehört, Zeitungen gab es nicht. Gespräche mit den Frauen von Agnetendorf – die Männer waren im Krieg – handelten vom Wetter und wo frische Milch zu bekommen sei. Und wir hatten nicht einmal ein schlechtes Gewissen. Einmal sah mich der Ortsgendarm etwas kritisch an. Als er hörte, daß ich Pastor sei, fragte er nicht weiter. Ich hätte ja sogar gültige, echte Urlaubspapiere vorzeigen können. Er wollte sie gar nicht sehen.

Ilse und ich wünschten uns, die Straße würde unpassierbar werden, die Straße zurück in die Wirklichkeit. Der Gendarm hätte es mir vielleicht bescheinigt. Als Erinnerung bleibt: Das Haus war wie eine warme Höhle, in die wir uns verkrochen hatten wie in den Leib der Mutter.

Einmal haben wir es wohl geschafft, bis zum Kamm des Gebirges aufzusteigen, damals keine Grenze im Großdeutschen Reich. Gut ein Jahr später würde es wieder eine Grenze sein, aber keine deutsche – die zwischen dem polnischen Schlesien und der Tschechoslowakei. Ich aber glaube seit jenen Wintertagen, daß man nicht nur Träume haben darf, sondern daß sie auch in Erfüllung gehen können. Man darf sogar ein bißchen nachhelfen.

Glatz

Der Rechtsanwalt Vogel hat mir zu meinem Geburtstag einen alten Druck geschenkt: »Comitatus Glatz«. Die Grafschaft Glatz. Sie war ja das andere schöne Feriengebiet, zwei Bahnstunden von Breslau mit den berühmten Bädern Reinerz, Kudowa, Landeck. An ihrer Pforte, dort, wo die Glatzer Neiße das Gebirge durchbricht, Wartha, der Wallfahrtsort, der Ort unseres Schullandheimes. Jedes Jahr drei Wochen Landheim. In drei Unterklassen für das Einzelkind schlimme Heimwehzeiten, dann in Obersekunda der Beginn der Freundschaft mit Kurt. Aber dann eben hinter dem Tunnel die Neiße hinauf die Stadt und die Festung Glatz.
Das letzte Mal bin ich diese Strecke in keiner angenehmen Begleitung gefahren – mit einem Posten, der mich als Strafgefangenen abzuliefern hatte. Die Festung, der »Donjon«, ist seit Jahrhunderten Gefängnis, bei den Österreichern, bei den Preußen, bei Hitler, heute bei den Polen, unverwüstlich. Ich bin für diese lächerlichen zwei Monate Haft noch heute dankbar. Niemand kann über Strafvollzug wirklich mitreden, dem es nicht einmal geschehen ist, daß die Tür von außen hinter einem Wehrlosen verschlossen wird. Mir sind sogar noch die Gerüche gegenwärtig, die Geräusche der Schlüssel und Stiefel: Soldaten bewachten ihre Kameraden. Eine bunte Mischung: »normale« Kriminaldelikte, Militärsünden – Ungehorsam, Entfernung von der Truppe, Wachvergehen –, viele Homosexuelle – von Hitler gnadenlos verfolgt – und einige »Politische«. Wobei die Grenzen fließend waren. Nazis habe ich unter den Gefangenen nicht gefunden.
Die Einlieferung: eine schmale, dunkle Einzelzelle. Dann gleich das Wunder: Ich werde zum stellvertretenden Kommandanten geführt. Ich darf mich setzen, und er eröffnet mir, er habe meine Akte gelesen, wolle mir die Zeit erleichtern, könne freilich nicht alles verhindern. Habe Respekt

vor mir. Erst nach dem Kriege habe ich erfahren: Dieser Reserveoffizier war ein sozialdemokratischer Lehrer aus Waldenburg. Er war von Freunden draußen auf mich hingewiesen worden. Hat auch in vielen anderen Fällen geholfen, sich selbst gefährdend. Ich habe ihm zur Seite gestanden, als er heimkam, in den Harz, als Rektor einer Schule. Verhindern konnte er nicht, was die damaligen Vollzugsstrategen sich ausgedacht hatten, um den Willen der Gefangenen zu brechen – das Gegenteil zur heutigen Methode der totalen Isolierung.

Ich wurde kahlgeschoren und in ein Verlies in den untersten Kasematten der Festung geworfen. Ein stinkender, feuchter, finsterer Kellerraum für höchstens 20 Gefangene. Wir waren fast 100. Die Tage sind schwer zu beschreiben, ich weiß nicht, wie viele es waren. Tag und Nacht konnte man nicht unterscheiden. Nur am Befehl »Raustreten zum Austreten« konnte man sich orientieren, zweimal in 24 Stunden auf eine verschmutzte Latrine. Als wir fünf Jahre später den ersten Artikel des Grundgesetzes formulierten: »Die Würde des Menschen ist unantastbar«, habe ich an dieses Grauen gedacht. Würde gab es wirklich nicht mehr. Wir standen, hockten, lagen aneinandergepreßt, alle hungrig, aggressiv, verzweifelt. Nichts als Zoten im Munde. Ich hatte zum Schluß einen Platz in der Nähe eines winzigen Luftschachtes erkämpft, durch den für Stunden ein fernes Licht einfiel. Als sie mich herausließen, taumelte ich in das normale Gefängnis. Sie hatten erreicht, was sie wollten. Es erschien mir wie ein Sanatorium. Eine helle Zelle, wie in einem Kloster. Eine dunkle, warme Stimme in breitem schlesischem Dialekt: der Mitgefangene. »Na, Kumpel, Zigarette?« Ich sog wie ein Irrer. Duschen. Frische Wäsche, eine viel zu weite Uniform. Oh, dieser Kamerad. Er ist wahrscheinlich gefallen – denn das war ja die Gefahr, die eigentliche dieser Wehrmachtstrafgefängnisse: Man kam in die Bewährungsbataillone, »999«, sichere Todeskommandos.

Er hatte in einem Eifersuchtsdrama einen Vorgesetzten halb totgeschlagen. Er war der gutmütigste Mensch von der Welt. »Was, Pastor im Gefängnis? Was, zwei Monate? Die machst du auf der Rasierklinge ab!« Es waren herrliche zwei Monate mit ihm. Ich konnte keine Betten vorschriftsmäßig bauen. Er tat es jeden Morgen für mich für eine Zigarette. Wir bekamen zwei Stück am Tag. Er erzählte vor dem Einschlafen von seiner Frau und von dem Schwein, dem Feldwebel. Er war still, wenn ich das Vaterunser betete. Wir umarmten uns, als ich Abschied nahm, so schnell, so schnell. Er mußte eisern exerzieren, schwer arbeiten. Ich kam auf die Schreibstube, stellte die Urlaubsscheine für die Wachen aus, durfte sogar den Pfarrer der Stadt besuchen – also mit meiner Frau telefonieren. Ja, das war »auf der Rasierklinge abzumachen«. Viel gefährlicher eben die Zeit danach. Eine Ersatzeinheit für die Todeskommandos in der Nähe von Prag, Aufstellung für die Narvikfront zum Minensuchen. Wir waren an einem Samstag feldmarschmäßig eingekleidet worden. Am Montag sollte der Abtransport sein. Es war in Oschatz in Sachsen. Ich fand eine Kneipe in der Nähe der Kaserne. Ich meldete ein Gespräch nach Hause an. Ich habe Stunden auf dieses Gespräch gewartet. Ich bat meine Frau, den irrsinnigen Versuch zu wagen und den General von Grolman über dessen Frau zu erreichen.

Am Montag morgen stand die Ersatzkompanie angetreten zum Abmarsch auf dem Kasernenhof, das schwere Gepäck zu unseren Füßen. Wir wußten: Dies war mit an Sicherheit grenzender Wahrscheinlichkeit das Todesurteil. Da kommt von der Schreibstube ein Mann gelaufen und gibt dem Hauptfeldwebel einen Zettel. Der liest, brüllt: »Schütze Albertz vortreten.« Ich renne nach vorn, nehme Haltung an. »Geben Sie Ihr Gepäck ab, melden Sie sich in der Schreibstube. Gottverdammte Extrawürste.« Ich fasse das schwere Gepäck, das Gewehr, renne, renne an den Unglücklichen, Verurteilten vorbei. Drinnen wird mir ein Fernschreiben

vorgelesen: »Der Schütze Heinrich Albertz ist sofort zum Landesschützenbataillon 491 nach Oppeln in Marsch zu setzen. Stellv. Wehrmachtskommando Breslau. Unterschrift.« Der Schreiber, der es liest, sagt nur noch: »Wunder gibt es« und: »Beziehungen muß man haben.« Ich: »Du sitzt hier auch schön trocken.« – »Ja, hol dir in einer Stunde deine Papiere.«
Es gibt in meinem Leben nur wenige Augenblicke vollständigen, strahlenden Glücks. Dieser war einer. Ich suche die Post in der Stadt, gebe ein Telegramm an meine Frau auf, suche den Bahnhof, um nachzusehen, wann der nächste Zug geht. Nur fort, nur fort, damit mich niemand zurückholt. Am Mittag schon fahre ich: Dresden, Breslau, Oppeln.
Millionen hatten keine »Beziehungen«, sind gefallen, verscharrt, vergessen. Ich lebe noch immer. Welcher Sinn, welcher Sinn hinter allem? Zufall, unanständiges Glück, Gottes Hand? Ich wage nicht, es schnell auszusprechen. Aber ich erzähle dies alles, um zu zeigen, daß auch Unmögliches möglich ist und zwei mal zwei wahrscheinlich doch nicht immer vier.

Schlachtensee

Wieder Polen, indirekt, in einem Westberliner Bus. Ein Mann spricht mich in aggressivem Ton an. Ob ich den Leitartikel in der heutigen Ausgabe der »Welt« gelesen habe. Nein, aber ich hatte Kostproben in der Presseschau des SFB gehört. Ein unglaublicher Artikel. Die Zeitung rügt in dem ihr eignen Ton die gemeinsame Erklärung der Evangelischen Kirchen in der Bundesrepublik und der DDR. Sie habe auf die Wiedervereinigung und auf die deutschen Ostgebiete verzichtet. Der Mann im Bus: »Schlesien bleibt unser. Sie sind doch auch Schlesier. Wir können doch Schlesien nicht verschenken!« – »Hitler hat Schlesien verschenkt.« –

»Dann hätte er ja auch Bayern verschenken können.« Ich hielt an mich, nicht zu sagen, das wäre vielleicht besser gewesen. Aber so wirkt das Gift. Es ist nicht nur ein Klüngel von Vertriebenenfunktionären. Es ist die aufgegangene Saat von tausend Sonntagsreden vergangener Jahrzehnte. Dabei ist das gemeinsame »Wort« aus Ost und West eine große und wichtige Sache. Wo gibt es das sonst noch über die Mauer, die steinerne und die ideologische, hinweg?
Der Erzbischof von Canterbury hat mich zum 8. Mai zum Gottesdienst nach London eingeladen. Das hat mich sehr bewegt. Aber ich muß nach Stukenbrock. Und das versteht er auch.
Es ist schön, einen Enkelsohn im Hause zu haben. Natürlich bin ich etwas eifersüchtig, weil der Patriarch nicht dauernd der Mittelpunkt im Hause ist. Aber man wird selbst wieder jünger, wenn man alles miterlebt wie vor 50 Jahren. Immatrikulation und Zimmersuche, Freundinnen und Freunde, einen guten Appetit. Und einen kritischen, sogar selbstkritischen Sinn.
Ich spüre das Altwerden in den Gliedern täglich stärker. Das ZDF will die vorsorgliche »Totensendung« mit mir machen. Die Redakteurin wollte gar nicht mit der Sprache heraus. Sie habe den Auftrag für ein Porträt von mir. Wann es denn gesendet würde? Da kam es heraus. Ich habe herzlich gelacht und sie getröstet: Die ARD sei schon früher dagewesen und mache inzwischen Fortsetzungen.
Der Tod als Freund. Nachts rede ich manchmal mit ihm und bitte, er möchte, wenn er kommt, es schnell mit mir machen und schmerzlos. Er lächelt. Ich sei immer ein Egoist gewesen. Aber ernsthaft: Darf ich es wünschen? Wie Vater sterben, wachen Geistes, von den Seinen umgeben? Schlimmer als bei meinem Herrn und Bruder Jesus kann es jedenfalls nicht werden.
Ich predige den andern, sie sollten sich nicht *mehr* fürchten, als unbedingt nötig. Und ich fürchte mich schon morgens am

Bordstein der Spanischen Allee, wenn im Berufsverkehr die endlose Kette der Wagen in die große Grade einbiegt. Der Hund und ich stehen und warten und suchen eine Lücke. Aber es rauscht und stinkt – und jedesmal, wenn wir uns hinübergerettet haben, sage ich zu Nickie: »Wir haben es wieder geschafft« und atme durch, das Straßengift tief durch in die Lunge.

Dann auf der Rehwiese ist Stille. Ich werfe den Ball, und der Hund rennt und fängt ihn und bringt ihn mir wieder. Und die letzten Fußgänger sagen freundlich »Guten Morgen«. Ich kenne die Wiese zu jeder Jahreszeit und bei jedem Wetter. Im Winter noch am dunklen Morgen und im Juli, wenn es noch kühl ist und eine Lerche singt. Ja, es gibt noch Lerchen in Berlin.

Diese Stadt kann sehr schön sein, weit weg von der Glitzerfassade des Kurfürstendamms. Auch der Bausenator über viele Jahre, Rolf Schwedler, hat sie nicht völlig zerstören können mit immer neuen Autobahnen und Tunneln und immer neuem Beton und dem Abriß ganzer Wohnquartiere. Langsam beginnt man, das Zerstörte wiederherzustellen. Das Aufbegehren von Bürgerinitiativen, die Hausbesetzer, die »Grünen« haben das Verdienst an dieser Wende, keine der alten Parteien, der Gewerkschaften, der großen Wohnbaugesellschaften. Unsere »Dörfer«, die Bezirke, bekommen langsam wieder ein Gesicht, die Seen werden wieder sauberer. Nur der Grunewald und die andern Wälder sterben langsam vor sich hin, auch weil weiter mit 130 und mehr Stundenkilometern über die Avus gerast wird. Warum soll es ihm besser gehen als dem Schwarzwald?

29. 3. 1985. Marek Halter hat mich besucht, der Autor des Buches *Abraham, Wege der Erinnerung*. Er schreibt zum 8. Mai 1985 einen Artikel für »Le Monde« über Westdeutschland. Besuchte die Großen des Landes von Kohl bis Brandt, aber eben auch die am Rande. Einer der letzten Juden, die Jiddisch spre-

chen. Ja, ein Abraham saß vor mir. So, wie ich mir sein Bild immer ausgedacht habe. Es war ein gutes Gespräch voll tiefer Übereinstimmung, ein wenig traurig, wie jedesmal, wenn man mit klugen Juden spricht. Den Überlebenden. Er, Marek Halter, hat als Kind das Warschauer Ghetto überlebt. Sein Vater warf sich mit einer Handgranate in einen deutschen Panzer, um nicht lebend in die Hände der SS zu fallen.
Nun sitzt der Sohn vor mir. Fragt leise nach dem »linken« Antisemitismus – der »rechte« braucht nicht abgefragt zu werden, er ist vor aller Augen – und fragt nach einem neuen Nationalismus. Ich versuche, zu erklären und die Zusammenhänge darzustellen. Es ist nicht schwer. Wir scheiden fast als Freunde. Wie seltsam nah hat uns die gemeinsame schreckliche Geschichte gebracht, über Jahrhunderte. Jiddisch ist ja im Grunde noch lebendiges Mittelhochdeutsch. So tief liegen die Wurzeln. Und ebenso tief liegt die Wurzel Abraham – Abraham, der Vater Jesu.

Die Amseln singen in den neuen Frost hinein.
Ich lese nun Marek Halters Abrahambuch und muß aufpassen, daß ich nicht in ihm versinke und nicht mehr zum Schreiben komme. Dabei ist eine Reise nach Bonn gestern und vorgestern wert, nicht nur notiert zu werden. Nicht weil ich seit Jahr und Tag wieder einmal dort war – diesmal nicht im unmittelbaren Regierungsviertel, sondern in der schönen Bremischen Landesvertretung, ein halbes Großbürgerhaus unmittelbar am Rhein. Nachts konnte ich zu meinen Füßen die langen Frachtschiffe fahren hören. Ein neues Geräusch, sanfter als die Eisenbahn, fast zärtlich wie das einer Wiege. Sondern, weil wir in einem kleinen Kreise auf Einladung von Henning Scherf, dem Bremer Jugendsenator, zusammengekommen waren, über die »neue Armut« zu sprechen auf der Grundlage einer gerade von Wissenschaftlern vorgelegten Analyse. Die heißt: »Politik der Armut oder die Spaltung des Sozialstaates«. Sie beschreibt die beängstigende

Tatsache, daß die soziale Sicherung der Renten- und Arbeitslosenversicherung nicht mehr voll greift und eine Ausgrenzung von Hunderttausenden eingesetzt hat, die nicht mehr oder noch nicht Ansprüche haben können, die allein auf ihrer Arbeitsleistung gründet. Junge Leute, die keine Aussicht haben, in den nächsten Jahren Arbeit zu finden. Alte, die ihr Leben lang gearbeitet haben und nun mit ihrer winzigen Rente auf Sozialhilfe angewiesen sind. Eine Hilfe, die sie oft aus Scham nicht in Anspruch nehmen. Wir eifern auch insoweit dem Amerika Reagans und dem England der Frau Thatcher nach. Werden die Löcher nicht gestopft im Schüttelsieb einer gnadenlosen Leistungsgesellschaft, werden die Suppenküchen für Arme bald zum Straßenbild des reichen Teiles Deutschlands gehören. Arbeitsplatzbesitzer verteidigen ihren Wohlstand lieber mit Überstunden und Schwarzarbeit, als eine Umverteilung von Arbeit möglich zu machen. Und die Regierung braucht nur zwei Drittel einer zufriedenen Bevölkerung, um wiedergewählt zu werden. Sie leugnet zynisch die Ausgrenzung – das Vorbild Reagans lacht verführerisch.
Ich bin nach diesem Abend in Bonn mit schlechtem Gewissen nach Berlin zurückgeflogen. Das Problem kenne ich seit Jahren aus den Altersheimen in unmittelbarer Nachbarschaft. Aber nun droht es ein Massenproblem zu werden. Weder die Gewerkschaften noch die SPD haben bisher die böse Entwicklung voll erkannt. Einzig die Kirchen und alle Wohlfahrtsverbände haben Alarm geschlagen und die Kommunen, die die finanzielle Last der Sozialhilfe allein zu tragen haben – mit unzureichendem, überfordertem Personal in überfüllten Büros, gegenüber den Palästen der Sozialversicherung und der Arbeitsverwaltung.
Ich werde dieses Thema aufgreifen müssen. Auf dem Kirchentag schon werde ich davon zu reden beginnen. Vielleicht können wir etwas in Bewegung bringen. Aber das wird noch schwieriger sein als in Sachen Aufrüstung oder

Zerstörung der Natur. Denn die Betroffenen lassen sich nicht öffentlich vorführen, sie hungern und frieren lieber, als den Mund aufzumachen. Also müssen wir reden.
Der Enkel ist abgereist. Holt seine Sachen aus Bremen. Wird wiederkommen zu Semesterbeginn. Das ist sehr schön.
Das Thermometer steigt über zehn Grad. Morgens singt nun ein ganzer Vogelchor über der Wiese. Die Stadt ist leiser geworden, lange Osterferien. Nur die alten Leute sind geblieben. Ich erkenne sie schon von weitem am Gang; langsam und etwas steif und meist am Stock, machen sie ihre Runde, zwei, drei Straßen um ihr Heim, die tapferen noch ein Stückchen weiter. Manchmal zu zweit – und dann wird es bitter sein, allein gehen zu müssen, wenn der Gefährte nicht mehr mitgehen kann. Einsam sind sie alle. Sonntags stehen Wagen der Kinder und Enkel vor der Tür ihrer letzten Wohnung, eine Stunde, nicht viel länger, und es sind wenige Wagen. Sie sind es, die nach einem Leben voll Mühe und Arbeit mit ihrer Rente das Heim nicht mehr voll bezahlen können, die sich dann wahrhaft »ausziehen« müssen, ob nicht ein Unterhaltspflichtiger für sie aufkommen muß, für ihr erbärmliches Taschengeld vom Sozialamt. Entwürdigend ist das. Ich sitze nebenan mit meiner hohen Pension und gebe für ein Abendessen im Hotel soviel aus, wie sie im Monat Taschengeld erhalten. Manchmal bekomme ich einen Brief: »Zieh endlich weg, du Kommunistenschwein, wir zünden Dir sonst das Haus an. Einige Nachbarn.« Sind es wirklich Nachbarn? Die Professoren und Staatsanwälte und Ärzte nebenan können es ja wohl nicht sein. Etwa die Alten aus dem Heim? Die Vergangenheit ist jedenfalls Gegenwart. Der Mann aus Kalifornien, mein Souverän im amerikanischen Sektor, hat gestern gesagt, wir Deutschen seien doch tüchtige Leute und er werde kein KZ besuchen bei seinem Trip nach Deutschland im Mai 1985, man solle von heute reden und nicht von der Schuld gestern, und sein scheidender

Botschafter in Bonn hat gesagt, wir seien sehr tüchtig, wir Deutschen, aber wir müßten noch mehr arbeiten. Wie schön ist das alles! Man braucht uns als zuverlässige Bastion gegen den Teufel im Osten. Ja, der sei immer noch gefährlich, sagt Reagan, deshalb seien die Milliarden Dollar für die neuen MX-Raketen nötig. Das war die erste Nachricht heute morgen um 7.30 Uhr von Rias Berlin, Rundfunk im amerikanischen Sektor. Es ist so schön, damit aufzuwachen. So schön.

Aber ich laufe ins Badezimmer und wasche den ganzen klebrigen Unsinn ab und nehme den Hund, und wir rennen fast zu unserer Wiese und zu den singenden Vögeln.

Ja, Berlin ist eine alte Stadt. Ich möchte hier begraben sein, auf dem weiten Zehlendorfer Waldfriedhof, der wie ein stiller Park ist, wo ich jeden Weg kenne, hinter den Särgen der Toten gehend im Talar – »von Erde bist Du genommen, zu Erde sollst Du wieder werden«. Merkwürdig, ich habe dies immer gern getan, trotz aller Peinlichkeiten in der Trauerschar, die schon bei diesem Weg sich das Erbteil ausrechneten, trotz der Tränen, der ehrlichen, der einsam gewordenen Frauen, der Kinder – ich bin gern hinter den Särgen gegangen. Es war immer eine große, weite Stille. Am stillsten, wenn niemand mitging. Nur ich und die Totengräber. Oft, sehr oft habe ich das erlebt. Dann brauchte man nur ein Vaterunser zu beten. Über dem einsamsten Toten. Und dann beteten die Totengräber sogar mit.

Zur Johannespassion

Ja, ich möchte die Texte zur Johannespassion des Johann Sebastian Bach hier einfügen. Der Süddeutsche Rundfunk versucht nun seit einigen Jahren ein Experiment: die großen Karfreitagsmusiken mit Wortbeiträgen unterbrechen zu lassen. Diesmal waren Eberhard Bethge, der Biograph Dietrich Bonhoeffers, seine Frau und ich eingeladen, diesen Versuch zu wagen. In der völlig überfüllten Stiftskirche in Stuttgart mit diesem jugendlichen Chor und Orchester, mit ganz jungen Solisten in den Rollen von Jesus, Pilatus, dem Evangelisten – eine faszinierende Gemeinschaft engagierter Künstler. Meine Beiträge sollten etwas sagen zu den Themen: »Nachfolge heute« (I), »Pilatus heute« (II) und »Vom Sinn des Opfers« (III). Ich lasse sie hier folgen – Karfreitag 1985 in diesem unserem Lande.

I

»›Ich folge Dir gleichfalls mit freudigen Schritten
und lasse dich nicht,
mein Leben, mein Licht.
Befördre den Lauf
und höre nicht auf,
selbst an mir zu ziehen, zu schieben, zu bitten.
Ich folge Dir gleichfalls...‹

Ach, liebe Freunde, ich muß mich auch ziehen und schieben, um nun hier zu reden – in den Bericht von dem elenden Tod meines Herrn Jesus Christus hinein und in die Musik des Johann Sebastian Bach, den sie nun überall vermarkten in seinem Jubiläumsjahr, die großen Orchester im Frack und das Publikum klatschend, wenn Jesus begraben ist. Hier in der Stiftskirche in Stuttgart, Hauptstadt des so behäbigen, so mit sich selbst zufriedenen deutschen Bundeslandes Baden-Württemberg, hier in dieser von guten und bösen Traditionen lebenden württembergischen Landeskirche und ins Land hinein, auch nach Mutlangen und Heilbronn und nach Stammheim, soll ich nun reden im April 1985, einen Monat vor dem Datum, das uns so verwirrt, dem 8. Mai, so verwirrt, weil wir so wenig nachgedacht haben. Ich will es versuchen. Ich habe es mir aufgeschrieben,

das müßt ihr verstehen. Um nicht einfach daherzureden. In meinem kleinen Arbeitszimmer in Berlin (West), am Schlachtensee. Gestern haben sie dort ganz in der Nähe einen von einem sowjetischen Soldaten erschossenen amerikanischen Offizier über die Grenzbrücke gefahren. 40 Jahre nach dem Krieg erschießen sich die Sieger, die sich ausspähen auf deutschem Boden. Wir haben nichts dazu zu sagen und schauen zu. Ich will mich ziehen und schieben, nun also.
›Ich folge Dir gleichfalls mit freudigen Schritten...‹ Ja, Petrus ›folgte Jesu nach und ein andrer Jünger‹. Wir werden die Geschichte dieser Nachfolge gleich hören. Wir kennen sie. Nur eine Magd braucht zu fragen: ›Bist du nicht dieses Menschen Jünger einer?‹, und er antwortet: ›Ich bin's nicht.‹ Dreimal sagt er das, Simon, der Fischer, der große Petrus, der Felsen, auf dem die Kirche gebaut ist, die römische jedenfalls, und dreimal krähte der Hahn. Am Feuer steht er und wärmt sich. Derweil wird sein Herr vernommen. Derweil wird sein Herr von einem Soldaten geohrfeigt und gefesselt zu Kaiphas, dem Hohenpriester, abgeführt. Nein, klickende Handschellen haben sie wohl noch nicht gehabt. Stricke wohl, Stricke. Wir kennen die Geschichte.
Ist sie die Geschichte des feigen Simon Petrus? Fern, nicht unsere Geschichte? Nicht die Geschichte meiner Kirche durch die Jahrhunderte? Ihrer vollmundigen, frommen Worte und ihres Versagens? Ihrer, unserer Glaubwürdigkeit? ›Ich folge Dir gleichfalls mit freudigen Schritten.‹ Ach, liebe Freunde! Manchmal denke ich, das ganze Land müßte voll von krähenden Hähnen sein. Aber es gibt ja keine Hähne mehr, sie sind eingesperrt in Käfigen, in den Hallen der Tierquälerei, die sich Hühnerfarmen nennen. Kräht noch ein Hahn nach unsern Verleugnungen?
Ich gelte ja als einer, der sagt, was er denkt, und tut, was

er sagt. Wiederum: ach, liebe Freunde! Müßte ich heute nicht bei dem Fähnlein der sieben mal sieben Aufrechten sein, die in Mutlangen vor dem US-Raketendepot sitzen? Müßte ich nicht auf die Straße laufen und sehr viel deutlicher als bisher davon reden, daß in unserem reichen Land eine zynische Politik der Ausgrenzung begonnen hat, wie in den Staaten, wie in England, zwei Drittel im Wohlstand leben werden und ein Drittel in neuer, seit hundert Jahren so nicht gekannter Armut, als Bettler vor den Schaltern der Sozialämter?
Aber ich sitze hier mit euch und höre mir die Johannespassion an. Ja, werden da viele Fromme hier in der Kirche und draußen im Lande sagen: ›Was hat das mit Petrus und seinem Herrn und mit Karfreitag zu tun?‹ Und ich sage: ›Alles, alles.‹ Oder ist der Herr für sich selbst gestorben, als Verbrecher, nach damaligem Recht zu Recht verurteilt? Zwischen zwei Verbrechern hingerichtet? Für sich selbst? Oder weil damals und heute, heute und damals die Menschen feige und dumm sind, so dumm, daß sie die Hähne immer zu spät krähen hören?
Ja, wir denken heute daran, daß eine ganze Welt in Blut und Tränen untergegangen ist, weil wir Jesus nicht nachgefolgt sind. Weil bis auf eine kleine, kleine Minderheit wir zu feige und zu dumm waren, uns nicht rechtzeitig zu sagen, was geschehen würde: ein Aufstand von ein paar Verrückten, Verbrechern, wie ihr wollt, gegen das Bild Gottes. Das Antlitz des Menschen als seines Geschöpfes, oh, diese Kirchen damals! Nachfolge? Mit freudigen Schritten? Einer, der als junger Mann dabei war, schämt sich noch heute. Genau an der Grenze, wo es begann, gefährlich zu werden, haben wir innegehalten, sind wir stehengeblieben. Auch in der Bekennenden Kirche. Mit wenigen Ausnahmen. Dietrich Bonhoeffer, heute ein Heiliger, war eine solche

Ausnahme. Er hat nie auf einer Fürbittenliste der Bekennenden Kirche gestanden. Ich mit meinen zwei Monaten Gefängnis und ein paar Festnahmen. Ach Gott – mit freudigen Schritten?
Und heute? Wir warten als Christen in Deutschland (West) bis heute auf eine eindeutige Entscheidung unserer kirchlichen Leitung, daß unsere eigne, voll mitverantwortliche Regierung und fast alle Träger öffentlicher Pflichten Verbrechen vorbereiten, indem sie sich am Holocaust der Menschheit beteiligen. ›Noch‹ sei dies möglich, wird uns gesagt, ›noch‹, wie lange noch? Wann kräht endlich ein Hahn und wird gehört?
Wiederum: Was hat das mit Jesus und Petrus zu tun? Ich sage noch einmal: ›Alles.‹ Wenn wir das nicht erkennen, nehmen wir heute an einem herrlichen Konzert teil. An der 9. Symphonie des Ludwig van Beethoven. Wer sich aber in die Nähe des Todes Jesu und des Verrates des Petrus begibt, ist in keinem Konzert mehr, sondern in der Mitte seines Lebens und Sterbens.
›Ich folge Dir gleichfalls mit freudigen Schritten. Selbst an mir zu ziehen, zu schieben, zu bitten.‹ Herr Jesus Christus, erbarme Dich unser.«

II

»›Barabbas aber war ein Mörder. Da nahm Pilatus Jesum und geißelte ihn.‹ –
Das Lexikon schreibt: ›Pilatus, Pontius, gest. Rom 39 n. Chr., römischer Prokurator von Judäa 26–36, rief durch seine strenge und willkürliche Amtsführung mehrfach Unruhen hervor, wurde deshalb nach Rom gerufen, um Rechenschaft abzulegen, dort Selbstmord (?). Verurteilte Jesus zum Kreuzestod. In der christlichen Überlieferung nachsichtig beurteilt.‹

Ist er wirklich nachsichtig beurteilt? Natürlich: In dem dramatischen Ablauf bis zum Todesurteil trägt die von ihren Anführern fanatisierte Menge scheinbar die Hauptschuld an dem schrecklichen Ende Jesu am Kreuz. Aber sieht man genauer hin, dann ist dieser zögernde, immer wieder nachfragende, menschlich reagierende römische Statthalter doch das Abbild von Generationen von Machthabern, die ihre Hände in Unschuld wuschen und doch durch ihre Feigheit und ihren Opportunismus immer wieder entlarvend dargestellt haben, wer sie wirklich sind: bei aller Bildung und angeblicher Überlegenheit schwache, abhängige Kreaturen, die im Ernstfall den bequemsten Ausweg suchen.
Wir kennen den Namen des Pilatus nur durch die Todesgeschichte Jesu. Wer immer er gewesen sein mag, der brutale Ausbeuter und Tyrann, wie ihn die Historiker schildern, oder der schwankende und schließlich nachgebende Inhaber staatlicher Macht, wie ihn uns die Passionsgeschichte der Evangelien und vor allem eben Johannes darstellt: Pilatus ist heute mitten unter uns, in uns selbst, in jedem, der von Amts wegen ja oder nein zu sagen hat. Ich weiß, wovon ich rede.
Da sind zuerst die Zwänge, in denen er objektiv zu handeln hat. ›Wir haben ein Gesetz, wir haben ein Gesetz, und nach dem Gesetz soll er sterben.‹ Das Legalitätsprinzip, in deutschen Landen zu Tode geritten, hat seine verheerende Wirkung. Walter Jens, seine Frau und seine Freunde werden nicht ans Kreuz geschlagen. Die Strafen sind vergleichsweise lächerlich. Aber nach einem Paragraphen, der die Verwerflichkeit der Tat für die Bestrafung zur Voraussetzung hat, werden sie verurteilt, weil sie gegen die Massenvernichtung von Mensch und Tier, von allem Leben demonstrieren und einen US-Konvoi fünf Minuten warten lassen. Da sind die tatsächlichen oder vermeintlichen politischen Zwänge. In

den Demokratien das Schielen auf die nächste Wahl, auf die nächsten Kommentare in den Zeitungen; in den Diktaturen auf die Machtkämpfe hinter den Kulissen. In besetzten oder quasibesetzten Ländern die Abhängigkeit von den Weltmächten. ›Wir haben keinen König denn den Kaiser.‹ Das kann, wir wissen es und erleben es täglich, bis zum Verlust jeder menschlichen Würde, ja der Identität ganzer Völker führen. Da sind die TABUS, die großen TABUS, über die am besten gar nicht geredet wird. Wir haben es grade wieder erfahren: Da spionieren die Siegermächte auf deutschem Boden fröhlich gegeneinander, da wird auch einmal ein Mensch kurzerhand erschossen – uns geht das nichts an.
Und da sind vor allem die eignen Verhaltensweisen. Die Überreaktionen und das Aussitzen. Das Weglächeln aller Probleme und Konflikte, das Ausweichen und Dementieren, die schlichte halbe oder ganze Lüge. Pilatus in uns.
Und dazwischen der dieser Macht hilflos ausgelieferte Mensch. Das wirkt im Prozeß Jesu archaisch und darum besonders brutal. Das ist in einem Rechtsstaat hundertfach abgemildert. Und niemand soll die Tatsache verachten, daß jeder Akt staatlicher Gewalt in unserem Lande wirklich nachprüfbar ist – und daß er öffentlich wird. Nur: Das Nachprüfen kommt meistens sehr spät oder zu spät, und der Mißbrauch der Macht ist fast immer durch Presse und Rundfunk und nicht durch die amtlichen Kontrollorgane ans Licht gekommen. Auch Pilatus wurde zur Rechtfertigung nach Rom gerufen. Zu spät.
Pilatus in uns. Fast jeden Tag liegen in meiner Post Briefe, die von ihm berichten. Heute ist er oft nur eine Maschine, eine falsche Computerberechnung, gegen die man jahrelang vergeblich kämpft, eine nicht gelöschte Torheit in einer Datenanlage der Polizei. Heute ist Pilatus

oft ungreifbar, unsichtbar, allgegenwärtig. In der Stadt, in der ich wohne, durch Besatzungsrecht praktisch unkontrollierbar in jeder Telefonleitung.
Ja, da ist er, der römische Statthalter, in all seiner Herrlichkeit, armselig und überwältigt von Furcht. Nach meiner Erfahrung ist Furcht das gefährlichste Gift. Furcht davor, gegen den schreienden Plebs zu entscheiden – der braucht gar nicht auf der vielberedeten Straße zu hören sein. Das ist oft eine Balkenüberschrift in einer Boulevardzeitung, die tödlich wirken kann. Da ist die Furcht, in einer Fraktion, in einem Parlament, in einer Synode allein zu bleiben. Da ist die Furcht, plötzlich in der falschen Ecke zu stehen. Verschwiegen zu werden, eine Unperson zu sein, ein Spinner, ein Träumer, ein Sympathisant. Da ist die Furcht, als Schwächling zu gelten. Da ist die Kameraderie und die Kumpanei in allen Spielarten. Da sind die Leichen im Keller der eignen Vergangenheit. Wie sehr mag der seltsame Mann aus Nazareth den Pontius Pilatus irritiert haben. Die völlige Gewaltlosigkeit gegen seine klirrenden Legionen. Die völlige Wahrheit gegen seine kleinen und großen Lügen. Die klare Legitimität gegen seine Legalität. Dieses Ausgeliefertsein und das strahlende, feste: ›Du sagst es, ich bin ein König.‹ Der König der Welt gegen den Sklaven des Kaisers von Rom und den Pöbel draußen. Vielleicht liegt hier sogar der Schlüssel für das Verhalten des Mächtigen, wie es Johannes schildert. Er hätte das ganze Theater ja in fünf Minuten erledigen können. Aber nun steht er vor einem, den er noch nie gesehen hat. Seine tönerne Gewalt vor dem gewaltlosen Jesus. Ich weiß es nicht. Ich bin kein Psychologe. Wenn Jesus jetzt in meine Stube träte, jetzt, wenn ich dies schreibe, jetzt, in diese Kirche, ich könnte nichts anderes mehr sagen als Thomas: ›Mein Herr und mein Gott.‹
Aber was ist es, wenn heute der Herr Jesus Christus

den Mächtigen begegnet? Einem Richter in Stammheim, einem Polizeipräsidenten in Berlin, dem Bundesminister des Innern oder für Verteidigung? Können sie sich aus der Verantwortung stehlen, dürfen sie auf die Entscheidung verzichten, die ihnen abverlangt wird? Einige haben es getan. Es waren nicht die Schlechtesten. Aber die, die bleiben und deren Bleiben ihre Pflicht zu sein scheint oder sogar ihre Pflicht ist? Christen also, Leute, die versuchen, Christen zu sein in der Politik, in den Zentren staatlicher und wirtschaftlicher Macht? Ja, sie sollen wohl bleiben. Es wäre schrecklich, wenn sie alle gingen oder sich von vornherein verweigern würden. Aber sie dürfen sich nicht *mehr* fürchten, als unbedingt notwendig ist. Sie sollen jeden Tag einmal an Pilatus denken. Sie sollen nicht vergessen, daß er, formal zu Recht und ganz korrekt, hingerichtet worden ist, ein Verbrecher unter Verbrechern nach damaligem Gesetz. In den Gerichtssälen mancher deutscher Bundesländer hängt noch ein Kreuz. Nur die Angeklagten sehen es. Zum Trost, zur Buße? Drehen sich die Richter manchmal um? Sie sollten es tun und an Pilatus denken. Und wir alle auch.«

III

»Vom Sinn des Opfers. Welchen Opfers? Des Opfers Jesu Christi? Der Opferung des Sohnes Gottes durch Gott? Oder der Hekatomben von Menschenopfern, die Menschen über die Jahrtausende gebracht haben, ihren Göttern, ihrer Macht, ihrem Glauben; Aufsässige, Rebellen, Ketzer und Hexen, Märtyrer und Heilige. Und alle diese Namen fließen zusammen in ein Heer von Toten, sinnlos gemordet, im Vorübergehen durch Todesschwadronen oder nach greulichen Prozessen, auf der Flucht erschossen, am Fleischerhaken aufgehängt

und für den sadistischen Tyrannen gefilmt. Eine Geschichte von Grauen und Verbrechen, Hochmut und Dummheit – nach jeweiligem Recht und Gesetz, ganz legal also, oder aus reiner Willkür verbrannt, vergast. Einen Sinn? Sie fielen für ihren Glauben oder ihr Vaterland, sie starben für Freiheit und Gerechtigkeit, sie wurden zusammengetrieben wie eine Herde und erstickt, nur weil sie Juden waren, hilflos, wehrlos. Sie riefen noch einmal nach ihrem Gott, oder vive la France auf den Guillotinen, Tod den Tyrannen, oder Christus, erbarme Dich. Nein, sage ich, das alles hatte keinen Sinn. Sinnlos war es, sie umzubringen, gegen das Gesetz Gottes oder wenigstens des Lebens, der Menschlichkeit, der Vernunft. Auch Vergeltung darf der Tod nicht sein. Die Todesstrafe ist abgeschafft. Auch wenn die Mehrheit unseres Volkes sie sich wiederwünscht, möglichst sogar öffentlich vollstreckt. Jeder Tod eines Erhängten, Erschossenen, Verbrannten ist Mord. Du sollst nicht töten. Ich meine wirklich, das ist das erste, das gesagt werden muß. Und die schnellen Worte – ›In stolzer Trauer‹ oder ›Sie starben für uns‹ – sollten uns nicht so leicht über die Lippen gehen.
Aber das zweite ist eben auch dies: daß es über die Jahrhunderte Männer und Frauen gab, die ihrer Überzeugung treu blieben, die lieber starben als zu verleugnen, die nicht abschworen. Ja, die den gewaltsamen Tod, das Opfer auf sich nahmen, bewußt, sehenden Auges. Sie sind Zeugen, in einer Welt der rohen Gewalt für Frieden und Freiheit und Gerechtigkeit sterbend, oder einfach (wie Janusz Korczak), um ein paar Kinder im Sterben nicht allein zu lassen. Vorbilder also: der Treue, der Liebe, der Tapferkeit im besten Sinn dieses Wortes. Daß es das gibt, daß es sie gab und gibt, kann uns ermutigen, ein wenig mutiger zu sein, bei unseren kleinen, ach so kleinen Schritten, wenn uns

unser Gewissen befiehlt, gegen den Strom anzugehen, kann uns in Stand setzen, uns nicht mehr zu fürchten als unbedingt nötig. Wie erbärmlich ist unsere Feigheit, einmal aufzufallen, einmal mit unserem Namen für etwas einzustehen, was Anstoß erregt und Ärgernis, was die Spießbürger aller Sorten für einen Skandal, ein Skandalon, halten. Ein Lehrer, der sich nicht an eine Verfügung seines Ministers hält, den Mund zu halten, ein Pfarrer, dem das Evangelium wichtiger ist als die Meinung seines Oberkirchenrates, ein Richter, der nicht die Höchststrafe verhängt, nach der die Zeitungen schreien, ein Mann oder eine Frau im Büro oder in der Fabrik, die für ihre Kollegen einstehen. Oh, die kleinen Schritte. Sie werden leichter, wenn wir an die Märtyrer denken.

Aber das Opfer Jesu? Ich habe jeden Respekt vor allen, die ihn und sein Opfer einordnen in das Heer der anderen Geopferten – von Sokrates bis Che Guevara. Er gehört zu ihnen, sie gehören zu ihm. Er war der Größte unter ihnen, der Stillste, der Konsequenteste, mit einer unbeirrbaren Liebe bis in seine letzten qualvollen Stunden. Wer Jesus von Nazareth so ehrt, tut gut daran. Er hat ein Leben damit zu tun, ihn zum fernen Vorbild zu nehmen.

Aber sosehr er eines dieser Opfer ist: Die Evangelien, auch die *Johannespassion*, auch die Chöre des Johann Sebastian Bach reden ja noch und darüber hinaus von etwas ganz anderem. Die Dimension verschiebt sich. Wir werden es gleich hören: Der Vorhang im Tempel zerreißt, die Erde erbebt, die Felsen zerreißen, Tote stehen auf. Diese gewaltigen Bilder des alten Textes wollen das Unbeschreibliche beschreiben: daß hier einer stirbt, der alle Opfer in sich einschließt, der durch seine Opfer Leben schafft, der selber leben wird über seine Opfer hinaus. Ich spreche am Karfreitag ungern sogleich

über Ostern. Ich brauche es auch gar nicht zu tun. Daß wir hier heute versammelt sind, fast 2000 Jahre nach Jesu Kreuzigung unter seinem Kreuz, ist Zeichen genug: Hier starb einer, der hat es nicht nötig, daß irgendeiner anordnet: Heute gedenken wir dieses Mannes. Der lebt. Der bewegt, der schiebt uns und reißt uns, indem wir sein Kreuz betrachten, aus unserer Todeswelt in seine Welt des Friedens und der Liebe. Und der ist, wenn wir meinen, tiefer, schrecklicher, finsterer, grausamer kann es mit uns nicht mehr zugehen, der ist da. Noch unter uns und neben uns und mit uns. Wir sind in unserem Tode nicht mehr allein. Der befreit uns von der Angst zu sterben.
Das kann man in keinem Katechismus lernen, das kann man nur erfahren. Das ist erfahren worden von den Christen, die Nero den Löwen vorwarf, bis zu den Märtyrern in Hitlers Gefängnissen. Diese Erfahrung kann man nur weitergeben. Bach versucht das in seiner Musik. Wir kleinen Sprecher, über zweihundert Jahre nach ihm, versuchen es auch. Das Opfer Jesu Christi, unseres Bruders und Herrn, am Kreuz hat es vollbracht: Wir dürfen von ihm leben und in seinen Armen sterben. Das ist der Sinn, der sehr geheimnisvolle, der ganz offene Sinn dieses einen Todes.«

Dritter Teil
Jahrzehnte

Wie tief reichen die Erinnerungen? Wie dunkel sind die Schächte, in die wir hinabsteigen? Gibt es Grund und Boden unter den Füßen? Was ist vergessen, verdrängt, unaussprechbar? Sind es Erfahrungen, die anderen helfen? Oder nur mehr oder weniger interessante Notizen eines alten Mannes?
Und: Ist es möglich, einmal nur das »Private« zu beschreiben, Menschen und Häuser und Orte im innersten Kreis – ohne Wilhelm II., Ebert, Hindenburg, Hitler, Adenauer? Wahrscheinlich nicht. »Privare« heißt »rauben«, privat heißt geraubt. Geraubt den Mächten und Mächtigen. Vielleicht ist es also gar nicht erlaubt, so zu erzählen:

1915

Diese höchst unpassende Geburt. Es hatte schon genügend Aufregung gegeben, daß mein Vater nach dem Tode seiner ersten Frau noch einmal heiratete, eine 33 Jahre jüngere Lehrerin, die mit ihm zusammen an einem Lyzeum in Posen tätig gewesen war: er in der Oberstufe für den Religionsunterricht, sie in der untersten Klasse bei den ABC-Schützen. Aber daß nun in dieser Ehe auch noch ein Sohn geboren wurde, mein Vater im 70. Jahr, die Mutter 37, muß in Breslau, wo er längst in einem freilich sehr tätigen Ruhestand lebte, großes Ärgernis hervorgerufen haben. Er hatte einen Sohn, der war so alt wie meine Mutter. Und der hatte keine Kinder.
Nun, es scheint, auch mein Schöpfer zögerte, dieses späte Kind leben zu lassen. Meine Tanten haben es mir oft beschrieben: die Entbindung zu Hause. Das Bett meiner Mutter muß ins Wohnzimmer gebracht worden sein. Nebenan lief der aufgeregte Vater um seinen Schreibtisch herum. Das Kind kam zwar zur rechten Zeit und mit allen Gliedern ans

Licht dieses dunklen Januarabends. Aber war es tot? Es schrie nicht, es atmete nicht. Der Doktor hat zu meinem ersten Geburtstag aufgezeichnet, wie er mich zum Leben brachte. Ich muß diesen großartigen Arzt vorstellen. Er hieß Dr. Ernst Cramer. Sanitätsrat war er, ein bloßer Titel, wie der Geheimrat, aber eine Ehre im königlichen Preußen. Die ganze Stadt kannte den hochgewachsenen Mann. Er hatte eine lebensgefährliche Eigenschaft: Er sprang auf fahrende Straßenbahnen auf und wieder ab, je nachdem, wo seine Patienten wohnten, um Zeit zu sparen. Die Schaffner duldeten schließlich wohl diesen ungewöhnlichen Gast. Jedenfalls hatte ihm diese Gewohnheit große Publizität eingebracht. Im Winter trug er seine Hände in einem altmodischen Muff, um sie vor der Behandlung der Kranken nicht erst anwärmen zu müssen. Er war »praktischer Arzt und Geburtshelfer«, ohne einen Fachtitel. Er hat meine Mutter und mich durch alle Krankheiten begleitet. Ein guter Freund, unvergeßlich. Aber er ist eben dafür verantwortlich, daß ich lebe, nun 70 Jahre lebe. Mit dem Kopf nach unten hat er den winzigen Körper durch die Luft geschwungen, bis ihm fast die Kräfte schwanden. Die Mutter mußte es mit ansehen. Der Vater hörte es durch die Tür. Oder ist er hineingegangen? Das war wohl damals nicht üblich. Ich weiß es nicht.
Ich stelle mir vor: Statt 70 Jahre ein kleiner Sarg, schnell und traurig unter die Erde gebracht. Vergessen. Wie so viele Kinder in den früheren Zeiten.
Meine ersten Jahre müssen unendlich behütet gewesen sein. Es gab eine Kinderfrau, die hieß Martha. Ich schlief neben den Betten der Eltern. Die Tür stand einen Spalt offen, so daß ein wenig Licht einfiel. Wenn ich mich fürchtete, brauchte ich nur zu rufen. Später, als die kleinen Füße tragen konnten, bin ich ins Wohnzimmer gelaufen. Die Gaslampe brannte über dem Tisch. Der Vater hatte seine Flasche Rotwein darauf stehen. Er rauchte starke, schwarze Zigarren. Die Mutter mag genäht haben. So habe ich, wohl

mehr aus Erzählungen denn aus eigner Erinnerung, ein sehr friedliches Bild dieser merkwürdigen Ehe. Meine Mutter hatte als junges Mädchen einen Mann geliebt, der unheilbar krank für immer in einer geschlossenen Anstalt verwahrt wurde. Ich habe nie erfahren, wann sie ihn aufgeben mußte. Nun saß sie bei dem alten Mann, den sie wohl eher wie einen geliebten Vater verehrt hat. Er starb, als ich acht Jahre alt war. Ich habe seinen Tod beschrieben. Dann waren wir allein. Die Mutter und ihr spätes Kind. Hier beginnen auch wirkliche Erinnerungen.
Sie stand zuerst auf. Sie bereitete das Frühstück. Ich lief, schnell gewaschen, über die Straße, eine Fahrbahn, die Allee in der Mitte, die zweite Fahrbahn. Dann der kleine Laden: »Kolonialwaren«. Milch und zwei Semmeln. Die Semmel heißt es in Schlesien, nicht der Semmel wie im Hannöverschen.
Dies waren die besseren Jahre. Später gab es nur Roggenmehlsuppe und ein Stück Brot mit Sirup. Aber immer Luthers Morgensegen. Mutter mußte zur Schule, wieder ABC-Schützen das Lesen und Schreiben lehren, ich in meine sogenannte Vorschule – am Rande des Erlaubten. Denn im Schulgesetz der Republik waren diese Vorschulen, dreijährig vor dem Übergang ins Gymnasium, bereits aufgehoben. Ich habe in dieser Schule fast alles gelernt, was man zum Leben braucht: eben Lesen und Schreiben. Ein Mindestmaß an Ordnung. Große Freiheit im Umgang mit den Lehrern – Lehrerinnen, warmherzige, kluge Frauen. Eine winzige Villa in der Südstadt. Kleine Klassen – Privilegien für wenige.
Der Schulweg war – natürlich zu Fuß – eine halbe Stunde weit. Er konnte verändert werden, entweder die breite Hohenzollern- und Kaiser-Wilhelm-Straße entlang – oder auf Nebenwegen, an alten Gärten vorbei. Singende Vögel an den Sommermorgen. Richtiger Winter mit viel Schnee. Ein gefährliches Spiel: Steine auf die Straßenbahnschienen le-

gen und warten, bis sie, zu feinem Staub zermahlen, mit dem Fuß weggewischt werden konnten. Erst als ich zehn Jahre alt war und schon ins Gymnasium ging, bekam ich das erste – natürlich gebrauchte – Fahrrad geschenkt. Ein neues Leben begann. Jeden Nachmittag durch alle Straßen der Südstadt fahren. Am Bahndamm der Umgehungsbahn entlang. Die schweren Güterzüge. Die Nummern der Lokomotiven lernen. Die Wagen zählen. Dem Bremser im letzten Wagen zuwinken. Immer allein. Ich erinnere mich an keine Freunde. Obwohl die Geburtstage große Feste waren mit vielen Kindern, wilden Spielen in der kleinen Wohnung im Winter, Verlosung von Geschenken, Schokoladenspeise mit Vanillesauce. Später Zitronenspeise, die wir Prälatencreme nannten und die mit ihrer frischen Säure ein leichtes Prikkeln auf der Haut hervorrief. Und Weihnachten. Die leuchtenden Abende. Der Weg zur Kirche. In der Dunkelheit zurück. Singen, singen. Ziemlich laut und falsch, zu zweit. Neben dem Baum stand ein Eimer Wasser. Er mußte oft benutzt werden. Es waren sicher nicht die teuersten Weihnachtsbäume. Aber die schönsten.
Einzelkinder sollen es schwerer haben im Leben. Das ist wohl richtig. Sie sind zu sehr geliebt worden. Kann man zu viel Liebe erfahren in der Kindheit? Verwöhnt sind sie sicher. Heimweh haben sie bis ins Alter. Große Gruppen sind ihnen fast unerträglich. Ich habe es bitter erfahren in den Kasernen von Arbeitsdienst und Militär. Aber ich möchte diese ersten Kinderjahre um keinen Preis vermissen.

10. 4. 1985. Ich lese in den Zeitungen eine deutsche Geschichte aus dem Jahre 1985. Es geht um das Städtchen Dachau, im Bayerischen, und um den Plan, dort eine internationale Jugendbegegnungsstätte einzurichten, die den Tausenden von Besuchern des ehemaligen KZ Dachau zu Gesprächen und zur Übernachtung dienen soll. Die in Dachau regierende CSU lehnt diesen Plan ab. Der Name der Stadt werde zusätz-

lich belastet. Sie sei ohnehin weltweit ein Symbol für Mord und Folter im Dritten Reich geworden.
Nun kann ich verstehen, wie peinlich es ist, nur weil man zufällig zum Tatort nationalsozialistischer Verbrechen wurde, die Begegnung mit unserer finstersten Vergangenheit täglich aushalten zu müssen. Dachau, Bergen-Belsen, Flossenbürg sind ja nicht schuldiger an diesen Verbrechen als irgendein anderer Ort in Deutschland. Denn der Tatort ist ganz Deutschland, beide deutschen Staaten, die früheren deutschen Provinzen jenseits von Oder und Neiße, von den damals von Hitler besetzten Ländern ganz zu schweigen. Es gibt eine Karte, da sind die Lager der Qual und des Todes eingezeichnet, wie Pestbeulen von Ostpreußen bis zum Oberrhein verteilt. Ich verstehe also die Empfindlichkeit der Dachauer Lokalpolitiker.
Aber verstehen heißt nicht billigen. Schaut man genauer hin, ist eine solche Ablehnung doch nur ein weiteres Zeichen für die Verdrängung eigner Schuld und Mitverantwortung. Man will vertuschen, was war – sicher auch in Dachau, wo das Lager hübschen Gewinn brachte, und sei es in den Kneipen von saufenden Wachmannschaften.
Deren Traditionsverbände versammeln sich derweil fröhlich im bayerischen Allgäu. Nesselwang heißt die Gemeinde, die sich nicht schämt, an den netten alten Herren, SS-Kameraden der Leibstandarte Adolf Hitler und anderer krimineller Vereinigungen, gut zu verdienen. Es scheint so, als ob diese Leute auch noch für ihre Vereine Steuervergünstigungen erhalten, weil sie gemeinnützig sind. Es gibt keinen politischen Skandal, der in der Bundesrepublik Deutschland nicht möglich ist.
Dachau, das sich gegen junge Besucher des KZs wehrt, Nesselwang, das die SS-Mörder ausgerechnet zum 8. Mai mit Freuden einlädt. Die bayerische Polizei wird sie vor Demonstrationen von Demokraten und Republikanern schützen. Die einen genießen Versammlungsfreiheit, die andern werden sicher wegen Widerstandes gegen die Staatsgewalt ihre Strafen erhalten. Nun: Die Demokratie in unserem Lande wird wegen

der unbelehrbaren Rowdies nicht sterben – aber ihre Glaubwürdigkeit nimmt erneut schweren Schaden und die Weisheit unserer Gesetze auch.
Und es ist ja nicht nur die Minderheit, die da ihre abstrusen Meinungen vertritt: Eine breite Schicht des ganzen Volkes nimmt keinerlei Anstoß an diesen Vorgängen, heißt sie sogar gut. Und die Verantwortlichen schweigen: die zuständige Regierung in München, die offiziellen Kirchen – und in Bonn wird weggeschaut. Nur das niederländische Parlament hat sich entsetzt geäußert. Soll nicht der Bundespräsident die Niederlande besuchen? Was wird er dort sagen können, wenn ihm Dachau und Nesselwang auf Plakaten oder in Fragen seiner Gastgeber begegnen?
Und die Stadtväter von Dachau? Könnten sie nicht ein mutiges Zeichen setzen, stellvertretend für andere die Last tragen, sich auch zu dieser Vergangenheit bekennen, an der sie nicht mehr Schuld tragen als wir alle – aber auch nicht weniger?

1930

Ich muß die Geschichte von dem Sprung ins kalte Wasser der Oder, den ich nur kurz erwähnt habe, erzählen. Wie kommt ein 15jähriger Junge dazu, in allem Ernst Schluß machen zu wollen mit seinem kaum begonnenen Leben? So behütet wie ich? Die Geschichte steckt in allen Einzelheiten in meiner Erinnerung, wo so viel Wichtigeres vergessen ist.
Sie war ein Mädchen mit blonden Zöpfen aus Stralsund. Eine Freundin meiner Cousinen in Köslin, in den Sommerferien am Strande kennengelernt, meine erste große Liebe. Sie muß damals eine Art von Spiegel alles Schönen geworden sein. Schon die Stadt, in der sie wohnte und die ich nie gesehen habe, beflügelte meine Phantasie. Erst über 40 Jahre später bin ich an ihr vorbeigefahren, im Zug zur Fähre nach Sassnitz. Eine Stadt, von Wasser umgeben, auf einer

Insel, Stralsund. Ein Bild ihrer Türme und Ufer hing in jenen Monaten über meinem Schreibtisch. Ich schrieb ihr jeden Tag. Sie antwortete zunächst ein paarmal. Dann wurde ihr der Junge in Breslau natürlich lästig, und sie schwieg. Schwieg über viele Wochen. Ich schrieb weiter. Dann kam ein Brief zurück: »Annahme verweigert.« Vielleicht hatte ihre Mutter dabei geholfen.

Ich hatte nicht nur die Briefe, sondern, wie es sich gehört, auch ein Tagebuch geschrieben. An einem naßkalten Nachmittag im März verfaßte ich einen Abschiedsgruß an meine Mutter, legte ihn auf mein Bett, zog meinen schweren Wintermantel an, steckte das Tagebuch in die Innentasche und fuhr mit dem Fahrrad quer durch die Stadt zu einem Seitenarm der Oder. Den Platz, wo es geschehen sollte, hatte ich mir vorher auf der Karte sorgfältig ausgesucht. Ein schmaler, mit Weiden bestandener Weg führte am Wasser entlang. Ich fand einen Steg, lehnte das Rad an einen Baum und sprang. Das Wasser war eiskalt, und der schwere Mantel sog sich sofort voll und zog mich hinunter. Natürlich konnte ich schwimmen. »Du darfst jetzt nicht schwimmen.« Ich ging unter und kam wieder hoch, aber der Kopf stieß an den Steg, und ich ließ mich wieder fallen. Ich weiß nicht, wie lange ich im Wasser war.

Jedenfalls hörte ich plötzlich die Stimme eines Mannes: »Bist du verrückt?« Er hatte mein Rad, am Baum gelehnt, entdeckt und die Bewegung im Wasser bemerkt. Er zog mich heraus. Ich wehrte mich nicht. Ein paar hundert Meter weiter lag eine Station der Wasserschutzpolizei. Der Mann gab mich dort ab.

Die Beamten mußten solche Situationen schon erlebt haben. Sie waren gar nicht erstaunt und sehr freundlich. Ich mußte mich nackt ausziehen und wurde in einen gut geheizten Raum zum Trocknen geführt. Ich saß auf einem Stuhl, eine Decke über den Schultern, und schämte mich. Sie fragten nach meiner Adresse.

Nun hatte meine Mutter – natürlich – kein Telefon. Es muß kein schöner Moment gewesen sein, als der Revierbeamte bei ihr vor der Tür stand und sie bat, mich abzuholen und trockene Kleider mitzubringen. Sie hatte keine moderne Psychologie studiert, aber Herz und Verstand hatte sie. Wir haben nicht viel geredet in der Taxe nach Hause. Meine Mutter kurierte meine Erkältung aus – ich habe es erzählt – und liebte mich.

Die Geschichte hatte allerdings ein böses Nachspiel. Ich hatte ja das Tagebuch bei mir gehabt. Anstatt es in den Ofen zu werfen – denn niemand, vor allem Mutter, sollte es lesen –, warf ich es aus dem Fenster in einen kleinen Vorgarten. Die preußische Polizei ist genau gewesen. Einige Tage später erschien wieder ein Beamter und brachte das Buch. Es standen viele Sätze darin, die meine Mutter tief verletzen mußten. Ich beklagte darin ihr Unverständnis, meine totale Einsamkeit. Das ganze tiefe Unglück eines Jungen in der Pubertät war grausam aufgeschrieben. Sie muß sehr traurig gewesen sein. »Ich habe dein Tagebuch verbrannt.«

Die gleichen schwierigen Jahre meiner Kinder sind völlig an mir vorbeigegangen. Ich war kaum zu Hause. Jetzt schreibt eine Enkelin ihren Großeltern einen Brief voll desselben Unglücks. Ich hatte keine Großeltern mehr. Sonst wäre ich wahrscheinlich nicht ins Wasser gegangen. Mein frühes Erlebnis hat mir wahrscheinlich geholfen, später, viel später, als Seelsorger Menschen vom Selbstmord zurückzuhalten. Manchmal auch ein bißchen ironisch: »Springen Sie bitte nicht ins Wasser, wenn Sie schwimmen können.« Dann erzählte ich die alte Geschichte, über die wir dann miteinander lachten. Und es war mir doch so ernst.

18. 4. 1985. Es ist schon eine unglaubliche Unverschämtheit: Zum zweiten Mal ist meine Reise nach Mecklenburg von den Behörden der DDR nicht genehmigt worden. Die Gründe liegen noch völlig im dunkeln. Aber die Geburtstagsfeier für mich

in Ostberlin scheint nur eine üble Farce gewesen zu sein – vom Staatssicherheitsdienst aus gesehen. Und die Kirchenleitungen drüben werden sich überlegen müssen, wie lange sie dieses Verfahren noch für zumutbar halten. Ich kenne es so gehandhabt nur noch aus Südafrika. Die DDR in guter Gesellschaft. Schweigen werde ich nicht. Aber noch ein paar Tage warten. Für Montag läuft ein neuer Visumantrag, da ich Stephan Hermlin besuchen will. Vielleicht verbieten die Herren auch das. Dann wird das Gespräch mit Hermlin auf dem Düsseldorfer Kirchentag nicht sehr fröhlich sein.
Das Verbot von drüben hat mir nun vier freie Tage geschenkt. Das ist natürlich herrlich. Selbst in Berlin scheint die Sonne. Endlich, vier Wochen zu spät, wird es grün vor meinem Fenster. Ich kann die S-Bahn-Züge nicht mehr fahren sehen, so dicht sind die frischen Blätter. Wirklich wieder Frühling. Das ist schon gut für die alten Glieder.

Vorgestern in München beim Kindler Verlag. Ich war wegen dieses Buches bei der Vertreterkonferenz, auf der die Neuerscheinungen des Herbstes 1985 vorgestellt wurden. Ein merkwürdiges Erlebnis: ein Buch vorzustellen, das noch nicht fertig ist, von dem ich selbst nicht weiß, wie es ausgeht; es auf die Reise zu schicken – die »Reise« auf die Reise. Über die neuen Bücher sprachen Lektoren, die immerzu lesen und lesen müssen, diskutierten die Vertreter, Damen und Herren, die die Ware »Buch« ins Land zu tragen haben, zu Buchhändlern, die die Neuerscheinungen bestellen sollen. Es war ein beinahe heiterer Tag. Es gibt ja hierzulande noch viele Menschen, die lesen und schreiben können, die jedes Komma ernst nehmen, die sich nicht ausreden lassen, daß es Sinn haben könnte, ein Buch in die Hand zu nehmen, unbequeme Fragen zu stellen, Kenntnisse zu vermitteln – in dieser Welt verkommender Sprachen, Dutzender von immer anspruchsloseren Fernsehprogrammen.

20. 4. 1985. Und nun doch gefahren. Sie benehmen sich wie

die Apartheidsregierung in Südafrika gegen Pfarrer aus Europa: Eine Stunde vor dem geplanten Abreisetermin kam plötzlich die Nachricht, das Visum sei erteilt. Ich mußte mich nun in aller Eile vorbereiten und fuhr erst Samstag früh – mit dem Wagen des Bischofs von Mecklenburg von Berlin (DDR) nach Schwerin – in ein Stück Deutschland, das ich noch nicht kannte. Ein herrliches Land, mit seinen Seen und Wäldern und weiten Flächen und schließlich dem Meer. Und mit Menschen in großer Freundlichkeit und Nähe, der junge Bischof mit seiner Frau voran. Wie immer »drüben« ein Programm ohne Pausen und mit wenig Schlaf. Man wird ausgesogen wie ein Schwamm in unzähligen Gesprächen – und man steht plötzlich in fremden Kirchen vor Hunderten von Menschen, Fremden, »Ausländern« nach dortigem Recht, und ist doch so sehr zu Hause wie selten in Westdeutschland. Ein Abendvortrag in der Schelfkirche in Schwerin. Und dann im Gottesdienst von St. Marien in Rostock, diesem riesigen gotischen Backsteinbau, eiskalt, von einer strengen Schöne, ich, Frierender, Reformierter, mich warm redend in meiner Predigt über die Gesichter vor mir und das hohe Gewölbe über mir. Aber sie müssen wohl zugehört haben, es war zu spüren an diesem Sonntag »Misericordias Domini – von der Barmherzigkeit des Herrn« –, den Texten vom guten Hirten mit seiner gefährdeten Herde unter den Wölfen. Aber war ich in der DDR? Ich war nur bei der christlichen Minderheit, am Rande also, und doch auch unter Privilegierten, weil sie den Hirten kannten. Nur im Auto, keinen Menschen gesprochen, der nicht dazugehörte, es sei denn, sie saßen schweigend unter meiner Kanzel und hörten den seltsamen Mann aus dem Westen von einer Gegenwelt reden. Was werden die Herren vom Staatssicherheitsdienst wohl aufgeschrieben haben – wohl auch Unverstandenes wie hier der Verfassungsschutz.

Am Schluß der Reise noch ein Besuch bei Stephan Hermlin. Der nun wirklich mit der Vita eines überzeugten Kommunisten, mit glänzendem Verstande, ein Vergnügen, mit ihm zu reden

und seiner russischen Frau. Ich denke, es wird eine gute Sache sein, dies öffentlich zu tun, auf dem Kirchentag in Düsseldorf, vor Tausenden, seine und meine Jahresdaten zu vergleichen. Und sehr aufregend.
Aber ob ich noch einmal ein Dienstvisum erhalten werde für den andern deutschen Staat, ist sehr ungewiß. Ich habe meinen Unmut über die unzumutbare Behandlung den Behörden der DDR kundgetan. Ich weiß nicht, wie sie reagieren werden. Zwischen den Stühlen auch insoweit.

11. 5. 1985. Nun endlich in meiner Klausur im Siegerland. Ein kleines Hotel am Rande von Hilchenbach. Unendliche Ruhe. Der Hund und ich allein. Meine Frau zu einer schmerzhaften Kur in Füssing. Der Sohn mit seiner Familie zehn Autominuten von mir entfernt. Also nicht ganz verlassen. Man soll sich nicht mehr auf so lange Zeit trennen, wenn man alt ist. Aber für das Schreiben ist es vielleicht gut. Zunächst aber große Erschöpfung von diesem unsäglichen 8. Mai.
Am Vorabend dieses Tages in der Passionskirche in Berlin-Kreuzberg ein »Friedenskonzert«. Ich habe große Hemmungen, nun wieder, wie am Karfreitag in Stuttgart, in die Musik »hineinzusprechen«. Nun auch noch moderne Musik. Musik der Trauer und der Qual und des Aufstandes und Kampfes von Männern, die selbst die Opfer waren. Die jungen Philharmoniker, ein hinreißendes Orchester, ein israelischer Dirigent. Helmut Kindler erzählte von seinen Berliner Tagen der Befreiung. Ich gleich nach Schostakowitsch dies:

> »Diese Musik, liebe Freunde, hat vieles weggewaschen von dem elenden Geschwätz der letzten Wochen, von den klebrigen Peinlichkeiten von Bergen-Belsen und Bitburg. Ob wir versuchen können, heute abend dies alles zu vergessen? Es wird schwer sein: jüdische Menschen von jungen deutschen Polizisten weggetragen, unter ›Anwendung unmittelbaren

Zwanges‹, wie es in ihrer Amtssprache heißt, die SS-Traditionsverbände in Nesselwang von deutscher Polizei geschützt – deutsche Bilder 1985. Aber wir wollen es bitte versuchen. Uns schlicht und redlich erinnern, was war: zuerst, ja zuerst wirklich Friede. Das unbeschreibliche, unvergeßliche Gefühl, daß nun die Waffen schwiegen. Ja, Schweigen, Stille. Große Stille. Keine peitschenden Schüsse auf den Straßen, keine Bomben und Granaten, pfeifend. Keine Schreie der Angst, der Schmerzen. Das ist überall anders gewesen, in den großen Städten, zumal hier in Berlin, im weiten Lande zu verschiedenen Daten, und doch das gleiche: Frieden. Das galt für alle.
Und: Die Tore der Lager und der Zuchthäuser sprangen auf. Das galt für wenige. Viel zu wenige. Dies habe ich selbst nur sehr abgeschwächt erlebt, als Entlassung aus einem vergleichsweise harmlosen Gefängnis. Aber ich werde es nie vergessen. Wie mag es die dem Tode Geweihten getroffen haben: Freiheit! Ich habe mit einigen sprechen dürfen – am Tage danach. Ich gehe seitdem sehr vorsichtig um mit dem großen Wort, hier in Berlin (West) besonders häufig mißbraucht.
Ja, wir sind befreit worden. Dies sicher. Die Minderheit der Deutschen, die dem Verbrecher Adolf Hitler nicht nachgelaufen ist, auch. Die Minderheit war klein. Wir sollten uns nicht in die Tasche lügen. Die Mehrheit, die große Mehrheit ist nur von ihren Illusionen, von ihrer absurden Anschauung der Welt befreit worden, von ihrem Götzen. Sie war vielleicht froh, ihn los zu sein. Aber sie hat niemals voll wahrhaben wollen, welcher Götze dies war – biblisch gesprochen: ein Tier aus dem Abgrund. Und:
Wir haben uns nicht selbst befreit. Frieden und Freiheit wurden von außen diktiert. Mit sehr verschiedenen Akzenten, aber in *einem* ganz unmißverständlich: Der

8. Mai 1945 war die bedingungslose Kapitulation. Grausam verwüstetes, verbranntes Land, die Millionenopfer an Blut und Leben, die vor allem die Sowjetunion gebracht hatte, ließen keinen andern Ausweg zu. Die Tatsache, daß die Siegermächte schon drei Jahre nach der Niederlage des Deutschen Reiches jeweils ihre Deutschen über den Schwanz des Pferdes auf ihren Sattel des Siegers hoben, hat nur die fatalen Folgen gehabt, daß die Geschichte verdrängt wurde und heute ein führender Mann der Bundesrepublik sich rühmen kann, er habe noch bis zum letzten Tage Schlesien gegen die Russen verteidigt. Er glaubt also immer noch, er sei auf der richtigen Seite gewesen: mit Hitler gegen den Bolschewismus. Das ist das Chaos in den Köpfen. Oder Schlimmeres.
Nein, ich empfehle vielmehr, sich vorzustellen, das Umgekehrte wäre eingetreten: der Mann aus Braunau hätte den Krieg gewonnen. Ich empfehle dringend, es sich vorzustellen: die Goebbels, Himmlers, Heydrichs, Bormanns, Freislers hätten gesiegt. Die Pläne, was dann geschehen wäre, liegen vor. Der furchtbare Zwiespalt, gegen das eigne Land und seinen Sieg widerstehen zu müssen, um das Antlitz des Menschen zu retten und nicht für immer in die Hände von Verbrechern zu fallen, diesen Zwiespalt haben noch immer nur wenige begriffen – sonst wären die Peinlichkeiten der letzten Wochen unmöglich gewesen. Nein, wir wollen nicht von ihnen reden.
Frieden, Freiheit in der totalen Niederlage. So unterschiedlich wir Älteren und Alten diese Tage vor 40 Jahren erlebt haben mögen, das war es. Daran versuchen wir heute abend zu denken und die Erfahrung an die Jüngeren weiterzugeben: was es bedeuten kann, wenn fast ein ganzes Volk aufhört zu denken und die tiefste Menschheitserfahrung verletzt wird, die des Ersten

Gebotes, das für alle gilt, auch wenn sie den Namen Gottes nicht mehr aussprechen können. Diese Erfahrung ist, wie wir nur beklagen können, sehr schnell nach dem Schicksalsjahr 1945 versandet. Die absurde Tatsache, daß die Bezwinger Hitlers zwar den Sieg errangen, aber nicht den Frieden miteinander finden konnten, die Teilung unserer Stadt und Deutschlands, der viel zu schnelle Wohlstand nach der völligen Armut, vor allem aber die Wiederbewaffnung der beiden deutschen Staaten in ihren Blöcken und gegeneinander haben die Besinnung auf das Geschehene fast unmöglich gemacht. Wir können heute, auch in diesem Friedenskonzert, nur versuchen, die Mauer des Vergessens zu durchstoßen. Denn der schwierigste Schritt zur Versöhnung, zum wirklichen Frieden, liegt ja noch vor uns. Der Bundespräsident hat Weihnachten davon gesprochen. Der Graben zwischen uns und der Sowjetunion, zwischen uns und den andern Völkern des Ostens ist noch so tief wie 1945. Wer überschreitet ihn? Ich lese in der Zeitung: Der Vertreter der BRD in der DDR hatte Weisung, am Ehrenmal der Roten Armee in Treptow keinen Kranz niederzulegen. Warum nicht? Hier sind Dummheit und Arroganz ein gefährliches Bündnis eingegangen. Ich rede und schreibe seit Jahren dagegen an: Drüben wird verschwiegen, daß die Amerikaner das KZ Buchenwald befreiten. Wir können uns anscheinend nicht damit abfinden, daß Hitler am Sieg der Sowjetunion über das deutsche Ostheer gescheitert ist.
Ich jedenfalls werde morgen früh wieder nach Stukenbrock fahren, jenem Massengrab für 60000 sowjetische Kriegsgefangene, die unter der Verantwortung der Deutschen Wehrmacht elend zugrunde gingen. Stukenbrock, zwischen Bielefeld und Gütersloh. Zum ersten Mal soll ein Landesminister aus Düsseldorf der Gedenkstunde beiwohnen. Ein kleiner

Lichtblick der Vernunft und der Menschlichkeit. Aus Bonn kommt wieder niemand. Außer dem sowjetischen Botschafter Semjonow.
Friedenskonzert? Wir haben noch viel vor uns, bis wir wirklichen Frieden haben werden. Aber wir wollen und dürfen die Hoffnung nicht aufgeben, daß dieser wirkliche Frieden möglich ist. Wenn ich etwas sagen darf ohne alle Sentimentalität: Als ich die Gesichter der jungen Philharmoniker eben gesehen habe beim Spielen, ist diese Hoffnung in mir ein Stück gewachsen.
Ich schließe mit einem Text, der auf einer Gedenktafel in meiner Schlachtenseer Gemeinde zu lesen ist. Er ist vor 20 Jahren formuliert worden und damals tief umstritten gewesen, fast bis zum Auseinanderbrechen der Gemeinde, weil man gewagt hat, Soldaten und ermordete Juden auf eine Tafel zu setzen – umstritten aber nur wegen der Soldaten, daß die mit den ermordeten Juden auf einer Tafel stehen. Aber da werden sie alle nun genannt, vor Gottes Angesicht, und ich lese diesen Text in die Welt des Hasses und des Unverstandes hinein:

> Herr, Du hast uns heimgesucht, Gefallene, durch Bomben Getötete, als lebensunwert Ausgelöschte, im Widerstand Geopferte, gemordete Juden, Blutzeugen des Glaubens, Vermißte, Verzweifelte, Verschleppte, aller Blut schreit zu Dir. Herr, erbarme Dich unserer Not und Schuld. Mach uns zu Boten Deines Friedens.

Und ich bitte euch herzlich, dafür Verständnis zu haben, wenn ich jetzt gehe, weil ich noch ein paar Stunden schlafen muß, ehe ich zu den Gräbern der Toten aus dem ›Reich des Bösen‹ fahre, meinen gefallenen sowjetischen Kameraden.«

Ja, und dann in Stukenbrock. Diesmal keine Blumen in der Hand jedes einzelnen, sondern eine lange Kette von Kränzen, vorweg der sowjetische Botschafter Semjonow, der dann auch ganze drei Sätze am Ehrenmal sprach. (Drei Sätze genügten ihm: Trauer, Versöhnung, Frieden.) Ich mit dem Kultusminister Schier und Otto Schily hinter dem Kranz des Ministerpräsidenten Rau. Welch ein Fortschritt gegenüber den Vorjahren – aber aus Bonn offiziell natürlich niemand. Auch kein offizieller Vertreter der Kirchen. Das hat allein Bischof Kruse in Westberlin auf sich genommen am Denkmal der Roten Armee, »100 Meter vor der Mauer«, wie die Springer-Zeitungen zeterten. Respekt, großen Respekt!

Abends die Versammlung in der überfüllten Stadthalle von Gütersloh. Ich habe ungefähr dasselbe gesagt wie in der Passionskirche am Abend zuvor, nur am Schluß die Geschichte erzählt, wie ich 1942 im Donezbecken von einem sowjetischen Bauern als kranker Soldat aus einem Straßengraben aufgesammelt, auf seinem Ofen drei Tage mit Tee am Leben gehalten und dann einem deutschen Sanitäter übergeben wurde. Ein Leben gerettet von einem Sowjetmenschen, aus dem »Reich des Bösen«. Semjonow stand auf, ging auf mich zu, gab mir lange die Hand. Wir standen, ein Botschafter der Sowjetunion in der Bundesrepublik Deutschland und ich, ein deutscher Bürger, stellvertretend für jene, die die Vergangenheit begriffen haben, die große, schwere Hand des Russen haltend. Ein alter Mann wie ich. Ein Überlebender.

Ich dachte einen Augenblick an die Händedrücker, die wir kennen. Aber ich schämte mich nicht.

Am anderen Morgen dann noch ein Schulgottesdienst im Stiftsgymnasium, von der Schülervertretung eingeladen. Wieder junge, offene, aufmerksame, kritische Gesichter. Hoffnung also, Hoffnung. Noch einmal drei Stunden Fahrt. Am Bahnsteig der Sohn, der Hund. Ruhe, Ruhe.

Morgen wählt Nordrhein-Westfalen. Kluge Leute sagen, die Wahlen entschieden sich an dem Bitburger Spektakel. Seien also ganz ungewiß. Was hat dieser so hochgespielte 8. Mai überhaupt gebracht? Nun, wenigstens dies: die Erkenntnis, wie dünn das Eis ist, auf dem wir gehen. Wie Wunden grade

dann aufbrechen, wenn man alles tut, um sie zu vergessen. Wie tief das Gift der Verdrängung gewirkt hat.
Und die Rede des Bundespräsidenten. Die beste, die wohl möglich war, an diesem Tag, in diesem Amt, in Bonn 1985.

13. 5. 1985. Es ist sehr schön hier im Siegerland. Die Wiesen übersät von den gelben Kuhblumen, das Grün noch frisch, ab und zu ein kräftiges Gewitter, aber sonst Sonne und trotz der Autostraße große Ruhe. Das Pfeifen der kleinen Diesellokomotiven, wenn sie in den nahen Tunnel einfahren, stört nicht. Ein Leben mit dem Hund, der seinen Bach vorm Haus hat, um im Wasser zu toben, in einem angenehmen Hotel – und vor allem nahebei der Sohn mit seiner Frau und seiner Tochter. Fast eine deutsche Idylle.
In der Gaststube wird über die Tische hinweg Politik gemacht. Mittlere Unternehmer, Zeitungsredakteure vor der Wahl. Die Schätzungen stiegen bis auf 40,9 Prozent für die CDU.
Wie schnell ging dann alles gestern abend! Schon um 18.30 Uhr hatten die Computer es ausgerechnet, wer der strahlende Sieger und wer der eindeutige Verlierer war. Wir haben es kräftig gefeiert in der kleinen Familie. Es ist schon ein Wunder mit diesem Johannes Rau, obwohl man natürlich nachdenklich werden kann, wie leicht es ist, mit Freundlichkeit Menschen zu gewinnen als Landesvater. Das »Wir-Gefühl« seiner Landeskinder ist geweckt worden. Aber ob es reicht? Ich wünsche es ihm von Herzen.
Die Grünen zerstritten und lahm. Die FDP als reine Wirtschaftspartei und der arme Herr Worms als Opfer seines Bundeskanzlers, der gestern abend zum ersten Mal nicht gelächelt hat.
Ja und dann, für mich völlig überraschend, vor Millionen Zuschauern der Zornesausbruch von Willy Brandt. Ich kenne ihn nun doch sehr lange und sehr nah. Aber dies habe ich noch nie erlebt: Kohl hatte wieder sein Geschwätz vom Antiamerikanismus der Sozialdemokraten begonnen, da brach es los: »Sie lü-

gen, Herr Bundeskanzler, ja, Sie lügen.« Und mit letzter Kraft sich am Stuhle haltend: »Ihr Herr Geißler ist der schlimmste Hetzer seit Goebbels in unserm Lande.« So dem Sinne nach. Dann schrien sie sich beide an, der glatte Herr Nowottny verlor alle Farbe, und atemlos, stumm, ohne die üblichen Phrasen am Schluß der »Bonner Runde« ging die Sendung zu Ende.

Ich saß auch und war stumm. Natürlich darf so etwas nicht vorkommen. Aber ich gestehe, ich war froh, daß es nun einmal passiert war. Ein Ausbruch des Zornes in einem Mann, der die Welt, nicht nur Rheinland-Pfalz kennt und der die Narben der deutschen Geschichte trägt. Ein Mann, der seit Jahrzehnten mit diesem amerikanischen Volk gelebt hat, oft kritisch, Gott sei Dank, aber von ihm mehr versteht als Kohl von irgendeinem weltpolitischen Zusammenhang. Aber daß einmal das Eis brach, war gut und nützlich für die Kannegießer und Beutelschneider in Bonn und anderswo, die Deutschen und die Amerikaner nach all dem Unsäglichen, was den Demokraten in beiden Völkern in den letzten Jahren zugemutet worden ist.

Ich hätte den alten Freund, mit dem ich ja nicht nur in strahlender Sonne gelebt habe, umarmen können.

1935

1935 starb meine Mutter. Es begannen die unruhigen Jahre, in denen ich »aus dem Koffer lebte«. Mit vielen Freunden, die mir halfen, über die Familie hinaus, mich aufnahmen, als »Hauslehrer« anstellten, einfach versteckten. Die Familie Rust, der Mann war einer der ersten »bürgerlichen« Fideikommißbesitzer in Schlesien – einem viel zu großen Schloß zwischen Gnadenfrei und Frankenstein. Hier habe ich mich die ersten Wochen unmittelbar nach der Auflösung des mütterlichen Haushaltes im Alleinsein zurechtzufinden gelernt. Die Castells in Groß Strehlitz, von denen ich schon erzählt habe, der Graf Yorck in Klein-Oels. Hier war ich wirklich untergetaucht. In seinem weitausladenden Haus waren damals wohl ein Dutzend Verfolgte in relativ sicherem Schutz. Wir kannten einander nicht mit Namen, aber aus den Geschichten erkannte man leicht das Schicksal des andern: ein Jude, ein Kommunist, ein entlassener Sozialdemokrat, ich, der ich auf Druck der Gestapo bei den Castells ausziehen mußte. »Ausweisungen« dieser Art waren ja ein – übrigens heute wenig bekanntes – Mittel der Verfolgung. Die Wiluckis, eine Pächterfamilie auf einem Gut des früheren Königs von Sachsen im Kreis Oels – immer wieder durfte ich dort sein, bis zum ersten theologischen Examen, mich satt essen, ausschlafen. Der Leser wird sich wundern: ja, es sind fast alles adlige Namen. Der Grundbesitzer war konservativ. Die Besitzer fromme Christen. Da war – bis auf Yorck – kein politischer Widerstand, aber da war die Verachtung für den Parvenü, das Ordinäre, vielleicht sogar auch Angst vor dem pseudosozialistischen Etikett der Nazis. Man konnte frei reden, wurde verstanden. Durfte sich helfen lassen, ohne ein Bettler zu sein.

Die Hauslehrerrolle freilich war eine Art Hochstapelei. Ich hatte weder pädagogische Fähigkeiten noch mehr als mein humanistisches Wissen. Aber die beiden Jungens, mit denen ich zu tun hatte, mochten mich und ich sie auch. Ob sie etwas gelernt haben? Schulisches sicher nicht, aber vielleicht ein wenig zu leben. Sie sind gefallen oder früh gestorben.

Aber wer waren wir zwanzigjährigen jungen Leute damals eigentlich? Wiederum: Ich kann nichts Typisches berichten. Ich hatte HJ, SA – bis auf jenen Zweimonatssündenfall – oder gar aktive Wehrmacht nicht erlebt. Ich war freiwillig, bis auf eine formal belegte Vorlesung, aus der Universität ausgeschieden. Ich hatte keinerlei Karriere vor mir. Ich war ein Aussteiger wie die Leute von Kreuzberg Anfang der 80er Jahre, nur mit ernsteren Konsequenzen. Ich hatte auch verhältnismäßig wenig mit den Altersgenossen zu tun, die den vorgeschriebenen Weg, begeistert oder weniger fröh-

lich, aber jedenfalls völlig angepaßt gingen. Ich habe diese Leute eigentlich nur in den sechs Monaten Arbeitsdienst erlebt, der sich freiwillig nannte und der für Studenten Zwang war, die über das fünfte Semester hinaus studieren wollten. Aber bestimmte allgemeine Lebensformen verbanden uns doch – die »Rahmenbedingungen«, würde man heute sagen. Die äußeren Voraussetzungen – jetzt unabhängig von allem politischen Druck oder allem törichten Mitlaufen – waren anders als heute. Kein Auto, für uns jedenfalls nicht, wo heute jeder Achtzehnjährige seinen Führerschein macht. Also eine drastische Einschränkung der Bewegungsmöglichkeit. Wir hatten ein Fahrrad und öffentliche Verkehrsmittel. Unsere Ferien verbrachten wir im Riesengebirge oder an der Ostsee und nicht in Südfrankreich oder Finnland. Also eine enge Begrenzung im eignen Lande. Kein Fernsehen. Dafür Bücher, freilich brutal verkürzt um alles, was die Nazis verbrannt oder gar nicht erst zugelassen hatten. Was wir miterlebten, wurde immer enger, immer provinzieller. Eine Kurierfahrt nach Holland, wie ich sie noch machen durfte, war, abgesehen von der Gefahr bei den Paßkontrollen, ein erregendes Abenteuer. Die selbstverständliche Freiheit, zu gehen, wohin man will, zu reden, was man für richtig hielt, zu lesen, was man wünschte, war zerbrochen.
Meine Freunde und ich hingen noch am schmalen Informationsnetz der Bekennenden Kirche. Ökumenische Nachrichten wurden unter der Hand verteilt, Auslandssender mit miserablem Empfang heimlich abgehört. Aber wir lebten in einem Gefängnis. Darum ist die DDR mit dem erlaubten und in vier Fünfteln ihres Staatsgebietes auch möglichen Westfernsehen insoweit mit Hitlers Staat wieder unvergleichbar. Sie hat es freilich auch schwerer dadurch. Wir griffen nach Reinhold Schneider, sogar Ernst Wiechert spielte eine heute schwer erklärliche Rolle beim Luftholen. Und wir Christen hatten Karl Barth, den Unvergessenen.

Ja, und die Klassiker konnten sie nicht verbieten, in der Literatur nicht und in der Musik und bildenden Kunst nicht – wenn ich von den törichten Verboten von Mendelssohn und Malern der Weimarer Republik absehe. Ich schreibe dies alles auf, um deutlich zu machen, wie eng unser Horizont war und wie groß die Befreiung von 1945, als die Türen zur Welt endlich aufgestoßen wurden. Von außen.
Und wir lebten bescheidener. Wenn ich an unsere erste Wohnung denke: an die Zimmer, die uns die Pfarrer im Amt, selbst bescheiden lebend, zuwiesen, an das muffige Pfarrhaus in Roschkowitz. Meine Enkel werden jetzt lächeln und einwenden, dies und das gab es eben noch nicht, vor allem zur Erleichterung der täglichen Arbeit für die Hausfrau. Natürlich – aber es ist ein anderes Leben, wenn man morgens die Kohle aus dem Keller schleppen muß oder die Hebel einer Zentralheizung bedient. Das Leben ging also auch viel langsamer daher als heute. Der ganze uns durch den modernen Verkehr aufgesetzte Streß fehlte. Man nahm sich Zeit. Und darum ging merkwürdigerweise manches schneller. Einfacher ging es auch. Nicht jeder hatte Telefon. Nicht jeder konnte zu jeder Stunde jeden andern stören. Unvorstellbar heute. Dafür schrieb ich Briefe, viele Briefe. Wer schreibt noch Briefe? Und ich habe schon oft gesagt: Auch der Staat, zumal dieser Nazistaat, hatte es schwieriger mit der Beobachtung, Reglementierung seiner Bürger. Hätte es damals schon die Mittel der elektronischen Überwachung, der Datenbanken, der blitzschnellen Nachrichtenübermittlung gegeben, es wären Tausende mehr den faschistischen Verbrechern zum Opfer gefallen.
So lebte ich also dahin, auf schlesischen Gütern, in schlesischen Pfarrhäusern – in einer »Nische«, nicht ungefährdet, manchmal sogar gefährlich, aber eben doch in einer seltsam heil erscheinenden Welt. So wie heute die Bürger von Heilbronn oder Mutlangen neben ihren Raketen. Wir hatten wenig Geld, aber wir hungerten nicht, wir hatten wenig Luft,

aber wir atmeten. Die Jahreszeiten kamen und gingen. Die christlichen Feste wurden gefeiert.
Und sonntags hörten wir, predigten wir das Evangelium von dem Herrn Jesus Christus. Derweil wuchsen die Konzentrationslager, derweil wurde aufgerüstet wie niemals zuvor, derweil verschwanden Freunde im Gefängnis, man selbst wurde verhört, wieder laufengelassen, mußte das Quartier wechseln, lebte fassungslos in der »schweigenden«, oft auch jubelnden, brüllenden Mehrheit, erlebte die Olympischen Spiele wie ein gespenstisches Fest von Ahnungslosen. Und schlief doch in aller Regel gut und fest in den nächsten Morgen. Bis der Morgen kam, als Stukas über uns hinweg, Frau und Mann und ein ungeborenes Kind, nach Polen flogen.

1945

Nein, nicht noch einmal der 8. Mai. Aber warum nicht beschreiben, was es eigentlich für dieses Volk bedeutet hat, daß die Westdeutschen in ihrer Heimat bleiben konnten und die andern zu ihnen kamen, geflohen vor der Roten Armee seit Januar 1945, danach vertrieben oder umgesiedelt zu Hunderttausenden und später in den Westen gegangen aus der sowjetisch besetzten Zone. Zur Person und Erinnerung: Meine Frau war mit zwei Kindern unter unsäglichen Belastungen schon im Februar 1945 an ihr verabredetes Ziel in Celle gekommen. Ich folgte ohne Kriegsgefangenschaft bereits Ende Mai 1945 nach. Dann war ich Flüchtlingspastor in Celle, Leiter des Flüchtlingsamtes dieser Stadt, später für den Bezirk Lüneburg verantwortlich, also auch für das größte Flüchtlingsdurchgangslager in Uelzen, dann seit 1947 im Niedersächsischen Landtag als einer von zwei Ostdeutschen und 1948 der erste Flüchtlingsminister eines deutschen Landes. Aus diesen Erfahrungen berichte ich.
Es war der 26. Mai 1945, ein Sonntag. Hinter mir lagen vier

Tage auf dem Fahrrad, fünf Nächte in Gastbetten freundlicher Pfarrhäuser – die weniger freundlichen verwiesen mich in die Scheunen. Die letzte Nacht hatte ich in einem Schuppen schon jenseits des Mittellandkanals nördlich von Braunschweig verbracht. Es trennten mich noch 50 km von Celle, die Reichsstraße 214 lief schnurgerade durch die Heide, kaum eine Ortschaft. Morgensonne. Die Gefahr bestand darin, daß ich mit meinem amerikanischen Papier in eine britische Kontrolle fuhr. Die Briten hätten es sicher nicht anerkannt, viel bürokratischer als ihre großen Vettern von jenseits des Atlantik.

Die Soldaten waren schon von weitem zu sehen. Ein Schwarzer war darunter. Ich schöpfte Hoffnung: es waren Amerikaner. Am nächsten Tag, hörte ich später, sollen sie von Engländern abgelöst worden sein. Ich hatte von Frau und Kindern seit Wochen keine Nachricht. Daß Celle unzerstört geblieben sei, hatten mir Leute, denen ich begegnete, schon erzählt. Aber irgendein böser Unfall in den Tagen der Besetzung war ja nicht auszuschließen. Ich bog ein wenig furchtsam in die Straße ein, in der sie wohnen sollten. Die Haustür war fest verschlossen. Keine Klingel. Gott sei Dank kam eine Frau heraus und ließ mich durch. Ich ging die Treppen mit dem schweren Rucksack sehr langsam nach oben. Hier war eine Klingel. Ilse stand im Flur und wollte gerade zum Gottesdienst gehen. Es war 9.45 Uhr. Unsere Kinder kamen aus dem hinteren Flur gelaufen. Eine Traube von Menschen hing aneinander. Geschrei, Lachen, Weinen, alles ineinander. Das war eigentlich erst mein 8. Mai 1945, nicht die Unterschriften auf der Kapitulationsurkunde.

Frieden.

Frieden?

Ich habe oft geschildert, wie Celle damals aussah. Die Cellenser haben es mir übelgenommen. Ich weiß gar nicht, warum. Das war eine Stadt wie jede andere, nur unzerstört, mit schönen Fachwerkbauten, mit Rathaus und Kirche und

Schloß und mit Bürgern, die genauso viel und genauso wenig Nazi waren wie irgendwo sonst im Lande auch. Etwas vornehmer wegen des Oberlandesgerichts. Aber auch etwas peinlicher: Die hohen Richter waren ja nun gewiß treue Diener des Naziregimes gewesen.
Ich erlebte die Stadt gleich am Montag nach der Ankunft in der polizeilichen Meldestelle, die auch die Lebensmittelkarten auszugeben hatte. »Sie waren doch Soldat. Haben Sie einen Entlassungsschein?« Der Amerikaner in Bayern hatte mich das nicht gefragt. Aber dieser Subalternbeamte, deutsch bis auf die Knochen, fragte. Er hatte wahrscheinlich eine Weisung. »Waren Sie Soldat?« fragte ich zurück. Er schwieg und gab mir die Karten.
Das Grundproblem war: die »Einheimischen«, die in ihrer Heimat bleiben durften, in ihrem kleinen oder größeren Besitz, in ihren Wohnungen, in ihren besonderen – welfischen – Traditionen. Und da kamen sie nun, die Habenichtse, die, die etwas von ihnen wollten, die, die im Frieden Unfrieden brachten. Die Cellenser hatten – außer den schrecklichen Opfern ihrer Söhne und Männer – den Krieg kaum erlebt in dieser heilen Stadt, in der ganzen Lüneburger Heide. Die Bomber waren über sie hinweggeflogen. Von Bergen-Belsen wußten sie natürlich nichts. Jetzt erst, als für diese ausgemergelten Überlebenden – für Juden und Ostvolk, »Gesocks« nannte man sie – Häuser beschlagnahmt wurden, begannen sie allmählich zu begreifen, was geschehen war.
Es war alles zu verstehen. Es gab ja sogar Träume, die britische Krone würde Hannover wieder direkt regieren, aus dem geschlagenen Reich lösen. Im Schloß von Celle könnte der Regent residieren. Und nun kamen die »Preußen« wieder, nicht mit Kanonen wie 1866, aber in Scharen verarmter Schlesier, Pommern, Ostpreußen. Das Wohnungsamt der Stadt führte in den ersten Jahren ein aus dem KZ entlassener Kommunist. Man hatte Rache zu erwarten. Aber er war ein redlicher, gerechter Mann. Ich habe ihn sehr geschätzt.

Er tat ja nichts Böses, wenn er die Wohnungslosen in Wohnungen einwies. Nur sehr Unangenehmes. Wäre es umgekehrt gelaufen, hätten sich die Schlesier gegenüber vertriebenen Niedersachsen auch nicht anders verhalten – ein wenig heiterer vielleicht.

Aber die Probleme schienen zunächst unlösbar. Wohnungen wurden benötigt, Arbeit wurde gesucht. Die Schulen waren überfüllt von Flüchtlingen. Ich versuchte die psychologische Doppelbelastung durchzustehen: die mit allen Mitteln um ihren Besitz kämpfenden Einheimischen nicht völlig gegen die Eindringlinge aufzubringen und die Flüchtlinge davon zu überzeugen, daß sie nun anfangen müßten, sich einzuleben, daß es keine Rückkehr geben würde. Das zweite war fast noch schwieriger. Hinter allem lauerte unsichtbar eine Gefahr: Typhus. Die Erkrankungen nahmen erschreckend zu. Was, wenn eine Seuche ausbräche unter den entwurzelten Menschen? Es ist ein Wunder, daß dies nicht geschah. Es ist überhaupt ein Wunder, daß nicht Haß und Unverstand auf beiden Seiten siegten, sondern Vernunft.

Dabei haben die gerade wieder zugelassenen oder mit neuen Namen entstehenden Parteien nur sehr langsam begriffen, was hier in Bewegung geraten war. Sie schotteten sich ab. Keine von ihnen stellte einen Kandidaten für das erste, noch von den Briten ernannte Stadtparlament auf. Die Briten selbst mußten mich ins Rathaus schicken. Am ehesten reagierten noch die Kirchen. Sonst wäre ich nicht schon im August 1945 Flüchtlingspastor geworden. Aber das war die mutige Entscheidung eines einzelnen, des örtlichen Superintendenten. Für den Oberkirchenrat in Hannover waren wir keine rechtgläubigen Lutheraner. Absurder konnte man sich nicht verhalten.

Die Besatzungsmacht, wie sollten Soldaten auch anders reagieren, sahen das Problem vor allem als Frage der öffentlichen Sicherheit und Ordnung. Als Flüchtlingspastor habe

ich schon in den ersten Monaten meiner Arbeit immer wieder Hilfe bekommen, Kleidung, Decken, Kindernahrung erhalten, über das Britische Rote Kreuz und eine britische Quäkereinheit von Kriegsdienstverweigerern. Das »Non-Fraternisation«-Gebot wurde zwar weithin eingehalten, aber es gab doch genügend Kontakte, daß kein Deutscher verhungerte.
Es gab sogar dramatische Beispiele von Zusammenarbeit. Eines Tages meldete sich bei mir der Sprecher einer Gruppe von Mennoniten aus der Sowjetunion. Sie hatten schon Einreisevisa für Kanada, fürchteten aber von einer durch die britische Zone fahrenden sowjetischen Kommission aufgegriffen zu werden, die Staatsbürger ihres Landes auch gegen deren Willen in die östliche Heimat zurückführte. Ich versteckte die Gruppe in einer Scheune in der Nähe von Celle. Aber sie wurde gefunden. Die Russen verlangten den Abtransport. Ich verhandelte so lange mit ihnen, bis eine Mitarbeiterin einen britischen Offizier herbeigebracht hatte, der die geängsteten Menschen auf ein Militärfahrzeug lud und vor den Augen der verdutzten Russen mit unbekanntem Ziel davonfuhr. Am nächsten Tag wurde ich zum britischen Ortskommandanten bestellt und wegen meiner Einmischung in alliierte Zuständigkeiten gerügt. Aber seine Augen lachten dabei, und er gab mir kräftig die Hand.
Wochen später kam ein dicker Brief aus Kanada: die nicht verbrauchten deutschen Lebensmittelmarken der Mennoniten als Dank für meine Hilfe. Und damit wieder ein paar Tage zusätzliche Kost für viele deutsche Flüchtlinge.

Das Zauberwort war nicht nur »Heimat«, das Zauberwort war auch »Besitz«. Wir hatten wieder vier eigene Betten. Wir bekamen Tische und Stühle. Ich hatte ein Telefon und einen Dienstwagen (Opel P 4, ein treuer Kamerad mit vielen Überraschungen). Und die andern behielten, was sie hatten, mit ganz schmerzlosen Abstrichen. Ja, manche bereicherten sich schamlos. Viele Bauern vor der Stadt verlangten für einen Sack Kartoffeln oder ein Stück Butter einen Brillantring oder einen Perserteppich. Ich habe damals verstehen gelernt, warum von den Zehn Geboten bis zum Strafgesetzbuch das Eigentum eine solche entscheidende, gefährliche Rolle spielt. Darum war auch jeder Versuch, die Besitzverhältnisse zu ändern, Utopie. Die Flüchtlinge wollten es selber nicht. Es war kein Zufall, daß die Anführer der neu gegründeten Landsmannschaften und Vertriebenenverbände häufig ostelbische Großgrundbesitzer waren. Sie redeten von Heimat und meinten die Entschädigung für ihre Millionenvermögen.

Auch ein anderes Tabu will ich nicht auslassen. Die heimatlosen Ostdeutschen hatten es wohl leichter als die Einheimischen, ihre nationalsozialistische Vergangenheit zu vertuschen. Die Dokumente waren ohnehin unerreichbar. Und erstaunlicherweise war das Denunziantentum bei ihnen geringer als bei den Zuhausegebliebenen. Ich selber fragte übrigens bei meinen ersten Mitarbeitern, die sich mit einem geradezu lächerlichen Lohn zufriedengaben, überhaupt nicht nach ihrer politischen Vergangenheit. Sie sollten sich bewähren an der neuen Aufgabe. War diese Toleranz falsch? Die Entnazifizierung in der britischen Zone jedenfalls war weithin eine Farce.

Als sich mein Verantwortungsbereich ausdehnte, bin ich mit einer Last beladen worden, die kaum tragbar war. Ich meine das Flüchtlingsdurchgangslager Uelzen: baufällige Baracken, die einmal Zwangsarbeitern gedient hatten, völlig ungenügende sanitäre Anlagen. Ein Gleis des Bahnhofs Uelzen führte direkt an den Elendsort heran und entlud täglich Hunderte. Viele kamen auch einfach über die grüne Grenze zwischen den Besatzungszonen. Es gab Tage, an denen wir keine Pritschen für jeden einzelnen hatten. Zwei Aufgaben lagen vor mir: das Lager einigermaßen menschlich herzurichten und die Verteilung der Flüchtlinge so schnell und so sinnvoll wie möglich zu organisieren. Die erste gelang allmählich, nach der Währungsreform natürlich schneller. Die zweite war ein Kampf gegen die Hydra der steigenden Zahlen und gegen den hinhaltenden Widerstand der Aufnahmekreise. Dreimal mußte ich unmittelbar die Besatzungsmacht in Anspruch nehmen, um widerspenstige Landräte zur Räson zu bringen. Weder der Herr Christus noch Karl Marx haben hier etwas ausrichten können: es waren ein stockkatholischer Landrat im südlichen Oldenburg, ein lutherischer im Bezirk Stade und ein sozialdemokratischer in Braunschweig, die sich in unmenschlicher Weise querstellten. Auf Konfessionen und Landsmannschaften konnten wir in dieser ersten Phase der Verteilung von Menschen über das Land beim besten Willen keine Rücksicht nehmen. Wir brachten Menschen sogar auf den ostfriesischen Inseln und in Kurorten im Harz unter. Es hat dann Jahre gedauert, bis diese Fehlbelegungen wieder ausgeglichen werden konnten.

Vor allem aber sperrten sich die weniger in Anspruch genommenen Länder der amerikanischen Zone und die durch einen Machtspruch der Franzosen völlig ausgeschlossenen Duodezfürstentümer Rheinland-Pfalz, Württemberg-Hohenzollern, Südbaden. Ich kam in eine Situation, die einen höchst bedenklichen Kraftakt auf dem Rücken der Flüchtlinge auslöste. Ich sperrte das Lager für weitere Aufnahmen und ließ Fahrkarten nach Süden verteilen. Innerhalb einer Woche trat in Uelzen eine Konferenz der Verantwortlichen zusammen. Die Quoten für die Abnahme wurden erhöht. Ich hatte erreicht, was ich wollte und erzwingen mußte. Aber wohl war mir nicht dabei.

Später dann begann eine zweite Umsiedlung von Norden nach Süden und Westen. Den ersten Zug mit diesen zum zweiten Mal auf die Reise ins Ungewisse gehenden Menschen habe ich selbst gegen Mitternacht in Seesen abgefertigt. Aber das waren schon anständige, saubere Personenzüge: Das Rote Kreuz war im Zug, Mutter-Kind-Abteile waren reserviert; ein Baby wurde auf der Fahrt geboren. Ich war längst Minister in Hannover. Es gab eine Vertriebenenpartei, den BHE, Bund der Heimatvertriebenen und Entrechteten. Wobei die Entrechteten die alten Nazis waren. Hinrich Kopf, der mit dem Teufel paktierte, wenn es um Regierungsbildungen ging, nahm diese Leute in sein Kabinett. Mein Nachfolger als Flüchtlingsminister wurde der Nazibürgermeister von Bad Salzbrunn in Schlesien, Wirtschaftsminister der Kommissar Hitlers im Salzgittergebiet, ein früherer Sozialdemokrat. In der Bundesregierung erschien dann ein Herr Oberländer, den selbst Adenauer wegen dessen Vergangenheit nicht halten konnte.

Für mich sind jene Jahre in Celle und Hannover die wichtigsten Jahre meiner politischen Verantwortlichkeit gewesen, ja, wichtiger als Berlin. Ich hatte fast allein und unter schwierigsten Bedingungen eine Aufgabe zu lösen, die so in Mitteleuropa seit Jahrhunderten nicht aufgetreten war. Und sie gelang.

Die Bundesrepublik Deutschland wäre nie das geworden, wenn nicht die Millionen Heimatlosen mit angefaßt hätten. Ihre Begabungen und ihr Fleiß, ihre Traditionen und ihre bitteren Erfahrungen haben das vielberedete Wirtschaftswunder erst möglich gemacht. Aber wichtiger als dies: Ihre wirkliche Integration durch Heiraten und Kinder und Enkel hat die Landschaft in Westdeutschland verändert. Die Konfessionen lernten sich besser kennen, auch wenn es grade die Protestanten in katholischen Gebieten, etwa im Bayerischen Wald, noch heute schwer haben. Die Kulturen verbanden sich, die Dialekte. Keiner, außer ein paar vom Staat ausgehaltenen Verbandsfunktionären, glaubt an den Unsinn der Rückkehr nach Westpolen. Heimat ist der Ort, wo Kinder und Enkel leben, wie für die galizischen Polen Wroclaw oder Gdańsk.

Und die liebe Stadt Celle hat heute 60000 Einwohner und ist

nicht wiederzuerkennen, auch wenn, Gott sei Dank, die alten Fachwerkhäuser noch stehen, das Oberlandesgericht Recht spricht, hoffentlich besseres als in den früheren Jahren, und die Liturgie in der Stadtkirche lutherisch gesungen wird. Die Stadt hat sich verändert, ist schöner, reicher, bunter geworden.

19. 5. 1985. Wo liegt Hilchenbach? Nun, ich gebe zu, ich kennte es auch nicht, wäre nicht hier, wenn meine Kinder nicht hier wohnten. Es ist wirklich schön. Sanfte Hügel und blühende Wiesen und Wege durch den Wald, auf denen man stundenlang keinen Menschen trifft. Der Ort ist eine kleine Stadt, in der jeder jeden kennt. Die Einwohner sind reformiert, noch von Oraniens Zeiten her, wie im ganzen Siegerland. Hier freilich in einer strengen Frömmigkeit, die eher das Gesetz als das Evangelium predigt. In meinem kleinen Hotel muß man heute am Sonntag vor Pfingsten fliehen; drei Konfirmationsfeiern füllen das Haus. Geschenke und gutes Essen sind wohl alles, was von dieser problematischen kirchlichen Feier übriggeblieben ist. Aber alle feiern miteinander. Nachbarschaft wird noch großgeschrieben und der fremde Gast freundlich behandelt. Und ich habe Ruhe zum Schreiben, kein Telefon. Nur die tägliche Post, die freilich alles widerspiegelt, was die letzten Wochen an Emotionen freisetzten.
Aber man könnte hier leben, als gäbe es sie alle nicht, Reagan und Kohl und nun wieder die »Schlesier«, die ausgerechnet dem Bundespräsidenten vorwerfen, er habe ihre Heimat verraten.
Nun, die Vögel singen. Es ist Sonntag. Tiefer Frieden.
Es ist wirklich eine abgrundtiefe Heuchelei: Da macht sich ein Mann, der wie kaum ein anderer um das Zusammenbleiben unseres Volkes bemüht ist, seine Gedanken über die Eingangsliturgie des Grundgesetzes: Wiedervereinigung, Alleinvertretungsanspruch – Begriffe, auf die wir Alten damals, 1949, stolz waren. Er fragt, wieviel diese Sätze noch mit der Wirklichkeit

von 1985 zu tun haben und wie sie zum Grundlagenvertrag aus dem Jahr 1972 passen, der die Souveränität beider deutscher Staaten respektiert. Und dann fallen sie über ihn her, als ob er ein Landesverräter wäre, nicht nur die Rechtsparteien, sondern auch besonders tapfere Kollegen aus der SPD. Jürgen Schmude am Pranger. Dabei spricht er aus, was alle Redlichen wissen und denken: daß die Träume von 1949 ausgeträumt sind. Kein Land auf der Welt wünscht einen neuen Nationalstaat vom Rhein bis an die Oder. Und die lieben Westdeutschen, die ihn beschwören, würden die ersten sein, die ihn verhindern. Denn dann würde sich in freien Wahlen das politische und ökonomische Gesicht so drastisch verändern, daß weder Herr Kohl noch Herr Strauß, weder Herr Flick noch Herr Springer eine Zukunft hätten. Nein, daß wir uns nicht ganz verlieren, dazu wird man andere Wege gehen müssen, als die frühen Hoffnungen des Grundgesetzes sie für möglich hielten – und auch ich. Und man ist sie längst gegangen von den ersten Passierscheinen bis zu den Verträgen und wird sie weitergehen, auch die jetzige Bundesregierung. Wie schwer hat es jeder in diesem Lande, der denkt und auch noch öffentlich sagt, was er denkt! Und wie allein wird er sofort gelassen!
Aber, erfreulich, zum Präses der Synode der Evangelischen Kirche in Deutschland wurde er gewählt.

1955

Ich erinnere mich noch sehr genau an den Tag, als ich im September 1955 von meinem provisorischen Quartier in Berlin mit einem bescheidenen Volkswagen abgeholt und zu meinem neuen Dienstsitz gefahren wurde, jenem grauen Büroblock am Messedamm, in dem damals der Senator für Volksbildung residierte. Es war der Professor Dr. Joachim Tiburtius – ich werde noch von ihm erzählen –, und ich sollte sein Senatsdirektor sein, also das Amt des leitenden politischen Beamten haben, den man im Bund und in den Flächenstaaten Staatssekretär nennt. Es war damals noch eine große Verwaltung – inzwischen sind es drei –: also Schulen, Hochschulen und Künste wurden unter einem Dach betreut. Ich war zwar in Niedersachsen schon sieben Jahre lang Minister gewesen, aber ich konnte mich dort auf vorzügliche Beamte verlassen und alles, was auf meinen Tisch kam, fast unbesehen unterschreiben. Außerdem lagen mir die sozialen Fragen näher als Herr von Karajan, der damals gerade seinen unmöglichen Lebenszeitvertrag bekam, oder ein Lehrer und Professor, von den Theaterleuten ganz zu schweigen. Der Senator war einer der letzten rundum gebildeten Deutschen. Er schwamm in seiner eignen Welt, konnte über jedes literarische, künstlerische, wissenschaftliche Thema unvorbereitet geistreich und amüsant reden. Ihm verdankt Berlin die große Zeit der Ebert und Sellner, der Barlog und Reidemeister. Aber er verstand nichts, aber auch gar nichts von Verwaltung und Geld. Ich fürchtete mich sehr.

Zudem ging den Berliner Behörden der denkbar schlechteste Ruf voraus. Man hatte anfangs sehr energisch die alten Apparate von Nazis gesäubert, dafür aber dann auch viele Mitarbeiter eingestellt, die keine ausreichende Vorbildung hatten. Zunächst waren sie Angestellte, wurden im Zuge der Restauration Beamte und übertrieben nun kräftig ihre neuen Rechte. Und schon nach wenigen Tagen war mir klar: Der »Messedamm« war ein Chaos; ein liebenswürdiges zwar, aber eben doch ein Tummelplatz von rivalisierenden, sich gegenseitig abwertenden Kräften – vom Grundschullehrer bis zum Intendanten der Staatstheater ist ja auch ein weiter Weg. Jedenfalls: Abstimmung und Koordination, die Einhaltung einfachster Vorschriften oder gar der Dienstwege gab es nicht – und ausgerechnet in der Hauptstadt Preußens wurde mein preußisches Gemüt den schwersten Belastungen ausgesetzt.

Was für das Ressort galt, stimmte leider auch für die gesamte Verwaltung. Der hervorragende, leider fast vergessene Regierende Bürgermeister Otto Suhr hatte keinen eignen Führungsapparat. Die Senatskanzlei wurde erst 1959 eingerichtet. Die starken Männer waren der Innensenator und der Finanzsenator, der erstere damals noch mit einer Personalhoheit über die gesamte Hauptverwaltung.
Wie findet sich ein Fremdling, noch dazu ohne jede Rückendeckung durch irgendeine Flügelgruppe seiner Partei, in einem solchen Dschungel zurecht? Aber vor allem: Welches ist eigentlich die beste Art, die öffentlichen Geschäfte zu führen? Wo liegt die Grenze zwischen einem sturen Bürokratentum und der Unordnung der eigentlich phantasievollen und fast immer gutwilligen einzelnen Mitarbeiter?
Ich habe meine Erfahrungen in den verschiedensten Varianten erlebt: in einer bescheidenen Baracke als Flüchtlingsminister in Hannover – der höchste Beamte war ein Oberregierungsrat, mit ihm arbeiteten höchstens fünf Kollegen des »höheren Dienstes«. Als Sozialminister mit einem hervorragenden Staatssekretär, Dr. Auerbach, neben mir und vier großen »Abteilungen«. Als Senatsdirektor in der schon beschriebenen Kultusverwaltung. Als Chef der Staatskanzlei, die ich erst aufbauen mußte, unter und neben Willy Brandt. Als Innensenator und Bürgermeister, also Willy Brandts Stellvertreter, in der riesigen Zwingburg am Fehrbelliner Platz mit den beiden großen Verwaltungsteilen: Verfassungsrecht, Personal, Besoldung, Wiedergutmachung sowie Polizei und Verfassungsschutz. Und noch ein Jahr als Regierender Bürgermeister, mit einem hochtrabenden Titel, der der Wirklichkeit nur teilweise entspricht.
Das klingt alles sehr aufregend. Bei näherem Hinschaun sieht alles anders aus, als man es sich vorgestellt hat. Am Anfang meiner staatlichen »Karriere« standen zwei Ratschläge, die ich nicht vergessen werde. Als Hinrich Wilhelm Kopf mich zum Flüchtlingsminister ernennen wollte, ging

ich – 33 Jahre alt – zu dem großen Landesbischof Hanns Lilje und fragte ihn, ob ich es wagen sollte. Die Antwort: »Sie haben etwas Anständiges gut gelernt: Pfarrer zu sein. Es ist gleichgültig, womit man sich Herz und Verstand gebildet hat: Fangen Sie in Gottes Namen an.« Und er lächelte freundlich dazu. Als ich die erste Ernennungsurkunde in der Hand hielt, stand neben mir der alte Geheimrat Zechlin, letzter Pressechef der letzten preußischen Regierung, und sagte: »Herr Minister (der alte zu dem jungen, und er lächelte auch), wenn ich Ihnen einen Rat geben darf: Tun Sie nichts, was auch andere und vielleicht besser tun können.« Ich habe diese Ratschläge zu beherzigen versucht. Es ist mir nicht immer gelungen. Erstens: Nach allen Erfahrungen erscheint es wirklich fraglich, ob immer ein sogenannter Fachmann die politische Verantwortung für ein Ressort tragen und es mit Erfolg führen kann. Ich wage zu bezweifeln, ob es gut ist, daß fast immer Professoren oder Lehrer aller Schularten Kultusminister, Mediziner Gesundheitsminister, Tiefbauingenieure Bausenatoren und ehemalige Steuereinzieher Finanzminister werden sollten. Sie gehören zu sehr zu ihrer Herde, haben zu sehr den gleichen Geruch, lassen sich auf unendliche Einzelheiten ein. Mein Landesschulrat legte mir einmal einen Erlaß vor, welche Maße die Klosetts in Grundschulen haben dürften. Den sollte er selber unterschreiben. Der »Nicht-Fachmann« fragt an der richtigen Stelle eher: »Warum?« Oder sagt sogar ehrlich: »Das verstehe ich nicht.« Er wird dabei die erstaunlichsten Erlebnisse haben. Die »Fachleute« haben nämlich meistens keine überzeugende Antwort. Ich habe auf diese einfache Weise ganze Papierberge der Bürokratie verhindern können. Genau die richtige Mischung zwischen Fachverstand und politischen, oder ganz einfach menschlichen Grundsätzen und Erfahrungen muß gefunden werden. Und das Juristenmonopol darf bei solchen Gedanken auch nicht das Ergebnis der Überlegungen sein.

Zweitens: Ich bin je länger, desto mehr dem Rat des alten Zechlin gefolgt. Ich halte gar nichts von Chefs, deren Schreibtische von Aktenbergen überfüllt sind, die alles selbst sehen, entscheiden und natürlich unterschreiben möchten. Mein Schreibtisch wurde mit wachsenden Erfahrungen immer leerer. Ich habe damit allerdings auf Vertrauen und Loyalität der Mitarbeiter gesetzt, auf ihr Gespür, was der »Chef« sehen muß, auf ihr Augenmaß. Ich bin dabei selten enttäuscht worden. Einmal freilich so, daß es auch, nicht allein, aber auch, zum Rücktritt führte: beim Tod von Benno Ohnesorg.

In diesen Zusammenhang gehören zwei elementare Fragen: der »Dienstweg« und das Informationsvermögen des verantwortlichen Ministers. Ich bin ein Anhänger dieses altmodischen, scheinbar so umständlichen, aber eigentlich selbstverständlichen Verhaltens. In dem besten Ministerium, das ich je leiten durfte, genügte der Vortrag des Staatssekretärs, jeden Morgen um 8.15 Uhr, nach der Lektüre der Zeitungen. Dazu jede Woche einmal das Gespräch mit den Abteilungsleitern. Ich war frei, im Lande nach dem Rechten zu sehen. Ich war auf ideale Weise frei für das wirklich Wichtige. Wo jedermann aus dem Amt jederzeit Zutritt zu seinem Chef hat, bricht das Chaos aus. Unter Sozialdemokraten ist diese Kameraderie besonders verbreitet. Natürlich wird es immer »Küchenkabinette« geben. Den Kreis um Willy Brandt: Bahr, Schütz, Spangenberg, Korber und ich zu Zeiten der Passierscheine, habe ich beschrieben. Natürlich soll es das Gespräch mit dem einzelnen oder auch mehreren Mitarbeitern geben – aber dann zur Vorbereitung wichtiger Entscheidungen oder zum Erörtern der allgemeinen Probleme. Natürlich gibt es jeden Morgen auch die »Lage«: Staatssekretär, persönlicher Referent, Pressereferent und die Sekretärin – schon wegen des Terminkalenders. Wo muß man hingehen, wo kann man fehlen? Aber die Verantwortlichkeiten müssen klar bleiben. Eine Verwaltung ist kein Parlament, keine ewige Diskussionsrunde, kein Kaffeeklatsch und auch kein Bierabend. Meine alte Regel, erst ab 18 Uhr Alkohol zu trinken, rührt daher, die unsäglichen Empfänge und Mittagessen auf Staatskosten – fast alle überflüssig – ausgenommen.

Am wichtigsten aber bleibt die unmittelbare Umgebung, das oder die »Vorzimmer«. Ich hatte in fast 20 Jahren nur zwei Sekretärinnen, die eine sieben Jahre in Hannover, die andere zwölf in Berlin. Sie leben beide noch. Sie sollen, wenn sie dies lesen, nicht meinen, nur ihretwegen schriebe ich: ohne sie hätte ich diese Jahre nie aushalten können. Frau Schwartz ist mir in Berlin durch alle Büros gefolgt bis zu dem letzten, dem großen Eckzimmer im Schöneberger Rathaus, und bis zum letzten Tag, als meine Frau mich abholte in die Freiheit und sie allein zurückblieb und für die Antrittsfeier des Nachfolgers den Sekt kühl stellte. Sie war dabei am Tag des Mauerbaus, nein, schon am frühen Morgen um 3 Uhr, als die Sonne über der geteilten Stadt aufging, war sie da mit ihrem unvergleichlichen Kaffee. Sie hat Tag und Nacht während der Passierscheinverhandlungen die Telefone bedient, verschwiegen, zuverlässig, immer freundlich. Sie hat die unmöglichsten Besucher in mein Zimmer geführt und rechtzeitig wieder hinauskomplimentiert. Sie hat mir Hunderte von Briefen, die die so ungemein klugen Studenten, Professoren und Pfarrer mir nach dem 2. Juni geschrieben haben, nicht vorgelegt und es meiner Frau gestanden und geweint. Sie hieß im Rathaus die »Black Lady«.

Mit dem persönlichen Referenten war es schwierig. Der erste ein hochbegabter junger Mann, die anderen in wechselnder Folge mehr oder weniger gut. Sie haben es auch schwer, ihr Schicksal ist an den Chef gebunden. Ich habe mir später junge Beamte aus der eignen Verwaltung herangeholt. Einer war Polizeikommissar, einer hat es bis zum Staatssekretär gebracht, einer ist heute noch leitender Beamter eines

Berliner Bezirks, einer hält heute noch die dünne Verbindung zum jeweiligen Senat. Er hat mich auch während der Aden-Geschichte betreut. Einer, der beste, war Pressereferent in Hannover, der spätere Bundesminister Helmut Rohde. Sie sollten ja alle mehr als Aktenträger sein und Reisebegleiter. Aber oft ist – auch durch eigne Unaufmerksamkeit – gerade dies nicht gelungen. Sie trugen Ruhm und Scheitern mit. Sie waren nach dem Weggang aus dem Rathaus die »Albertz-Leute«. Manche haben es nicht leicht gehabt. Überhaupt: Den wahren Charakter eines Mannes oder einer Frau erkennt man nach einem Rücktritt – wie sie scharenweise überlaufen. Schlimm. Am schlimmsten einige Senatoren.

Nun: Geredet werden muß auch von der völlig verschiedenen Welt der klassischen Ressorts und der »modernen« Ministerien. Das fing im Flüchtlingsministerium an. Eigentlich soll man solche Arbeitsbereiche gar nicht isolieren. Sie sind reine Tendenzverwaltungen, haben keine oder fast keine eignen Zuständigkeiten und stehen den andern Verwaltungen als Bittsteller gegenüber. Darum sind Frauen-, Ausländer-, Jugend-Ressorts fast immer nur zu bemitleiden. Vor allem aber: Die Grenze zwischen den klassischen Ressorts: Inneres, Finanzen, Justiz, Staatskanzlei (im Bund noch Äußeres und Verteidigung) und den modernen, ist ein Rubikon. Wer ihn überschreitet, kommt an die Hebel wirklicher Machtausübung. Ich habe die Grenze überschritten, als ich von sozialen und kulturellen Aufgaben weg zum Chef der Senatskanzlei berufen wurde. Gewiß ist eine Personalentscheidung in einem Kultusministerium, ein Schulgesetz, die Aufsicht über Sozialversicherungsträger, die Erteilung einer Baugenehmigung auch Machtausübung. Aber die eigentlichen Entscheidungen fallen bei der Aufstellung eines Haushalts, bei der Bewilligung von Mitteln im einzelnen, und in der Ausübung der unmittelbaren staatlichen Exekutive. Darum hat meine Frau natürlich recht gehabt, als sie mich beschwor, nicht Polizeisenator zu werden. Es war ein ganz neues Gefühl, einem Beamten in Uniform gegenüberzustehen, der womöglich auch noch Haltung annimmt und »Jawohl, Herr Senator« sagt. Ich habe schon gestanden, daß mir dies sogar gefallen hat. Vielleicht waren es alte Komplexe aus den Jahren, als ich beim Militär nur »Jawohl« zu sagen hatte. Aber daß ausgeführt wird, was man wünscht, manchmal auf schlimme Weise, ist im zivilen Teil des Staates nicht immer üblich.

Dabei entziehen sich ausgerechnet die Geheimdienste praktisch jeder Kontrolle. Man ist angewiesen auf das, was einem vorgetragen wird. Man greift ins Dunkel. In Berlin kommen die gespaltenen Loyalitäten dazu. Der Verfassungsschutz ist mehr eine alliierte als eine deutsche Behörde. Außerhalb des Grundgesetzes. Fatalstes Beispiel: die ausschließliche Zuständigkeit der Besatzungsmächte in der Telefonkontrolle, dem Abhören. Die Berichte der Dienste sind wohl auf der ganzen Welt gleich dubios. Entweder sie berichten, was man auch in den Zeitungen lesen kann, oder sie ergehen sich in einer gestelzten Geheimniskrämerei. Oder sie schlafen. Den 13. August 1961 haben sie vorher jedenfalls nicht melden können, obwohl seit Tagen doch Tonnen von Stacheldraht in die Osthälfte der Stadt geschleppt wurden. Und: Heinemann, Gollwitzer, die Evangelische Akademie Berlin fand ich bei Amtsübernahme auf den schwarzen Listen. Nirgendwo anders treibt der primitive Antikommunismus wohl seltsamere Blüten. Freilich: Sowohl die Polizei wie Verfassungsschutz habe ich bis 1967 noch vergleichsweise harmlos erlebt. Es gab keine elektronische Überwachung, keine miteinander verbundenen Dateien, keine Ausrüstung der Polizeibeamten als Mondmenschen.

Es gab auch noch nicht den gradezu grotesken Personenschutz für die Amtsinhaber. Im Juni 1967 bin ich im offenen Auto ohne jede Polizeibegleitung durch die Stadt gefahren.

Neben mir hielten die Wagen der Studenten mit dem schönen Aufkleber »Albertz ist ein Mörder«. Was würde heute wohl passieren, wäre das Wort »Albertz« durch den Namen »Lummer« ersetzt.
Der Realitätsverlust der Inhaber staatlicher und wirtschaftlicher Gewalt durch den Troß der Sicherheitsbeamten, den Ausbau ihrer Büros und Wohnungen zu Festungen, die ständige Begleitung bis ins Privatleben hinein hat verheerende Folgen. Und, wie die bösen Beispiele zeigen, ist dies alles im Ernstfall terroristischer Anschläge völlig wirkungslos. Leider scheint aber auch dieses makabre Symbol zu einem Prestigefall geworden zu sein – je mehr Schutz, desto wichtiger bin ich. Man kann nur traurig sein. Bonn und Güstrow, das Hambacher Schloß mit seinen handverlesenen Gästen, der »deutschen Jugend«, der gespenstische Besuch Reagans in Berlin – es kann einen nur schaudern.
Ja, das Rathaus. Ein monströser Bau für die Stadt Schöneberg aus der Kaiserzeit. Nun die Zentrale von Berlin (West). Ich kenne es natürlich auch nur ohne die heute üblichen Personenkontrollen und Sicherheitsbereiche. Damals war es der Charme und die Belastung dieses einmaligen Ortes: ein offener Markt zu sein. Jedermann hatte überall Zutritt. Kein Schritt blieb vor der Presse verborgen. In Krisenzeiten verfolgten einen die Journalisten bis auf die Toilette. Nur der Regierende Bürgermeister war insoweit geschützt. Unten im Keller ein höchst unzulängliches Restaurant, die riesige Eingangshalle mit ihren zwei Freitreppen, auf denen die roten Teppiche ausgelegt wurden, wenn Staatsgäste kamen. Als besonderes Dekor standen an solchen Tagen zwei Polizeibeamte mit weißem Koppelzeug vor der Tür von Willy Brandt oder von mir. Die viel zu kleinen Sitzungssäle, das Ganze eine Mischung zwischen Bahnhof und Hühnerstall. Aber sehr geliebt. Heute soll alles viel feiner geworden sein. Aber das kleine Ruhezimmer hinter dem Arbeitsraum des Regierenden soll es noch geben – es wurde nach dem 13.

August 1961 eingerichtet. Ich habe dort die ersten unruhigen Nächte geschlafen – und jeden Tag, auch am Tag des Rücktritts, fast eine halbe Stunde zwischen 13.30 und 14.00 Uhr. Der Panzerschrank steht dort. Es liegt nicht viel Aufregendes verschlossen darin, außer der Notstandsregelung für Berlin, die höchstens zehn Deutsche kennen. Auch ein Mikrophon ist fest installiert für diesen Tag, ehe man ausweicht ins Notquartier, unter der Erde, irgendwo. Ich habe es 1963 bauen lassen müssen. Es ist sehr kühl dort und sehr einsam. Hoffentlich wird es nie gebraucht werden.

27. 5. 1985. Ein Tag in Frankfurt (Main). Als ich ankomme, steht dort tatsächlich der Zug nach Frankfurt (Oder).
Die Stadt wie immer; um den »Römer« herum angenehm und friedlich trotz aller Baustellen. Aber über allem die Türme der Banken und Versicherungen, die Türme der tatsächlichen Macht in unserem Lande. Die beiden neuen der Deutschen Bank besonders beeindruckend, um deutlich zu zeigen, wer hier das Sagen hat.
Buchpreisverleihung für die »Blumen für Stukenbrock«. Die Evangelischen Büchereien haben ihn mir gegeben auf Grund einer Umfrage bei ihren Lesern. Also ein Urteil – nicht von einer Jury, sondern von der Basis. Das Ganze in der »Deutschen Bibliothek«, dem Hort alles hierzulande Gedruckten. Eine kluge Rede des Generaldirektors. Und die Laudatio meines Freundes von Kortzfleisch. Oh, wieder still zuzuhören, wenn die großen Worte kommen über einen selber. Sehr hochgegriffen. Aber wie in einem überscharfen Spiegel sieht man sich plötzlich – auch ein bißchen nackt. So viele freundliche Menschen. Ich bin ja auch nicht in Berlin, wo ein Streit ausgebrochen ist zwischen dem »Tagesspiegel« und mir, weil ich dem Lokalredakteur blinden Antikommunismus vorgeworfen habe. In der Nacht sehr allein, plötzlich krank, irgendein Virus.
Aber nun Pfingsten. Ein Bilderbuchpfingsten. Strahlende Sonne. Das »halbe Ruhrgebiet« scheint hier in die Hügel und

Wiesen gefahren zu sein. Viele Holländer, die der Geschichte ihres oranischen Königshauses nachgehen.
Abends im Fernsehen das aufregende Gespräch zwischen Günter Gaus und Heiner Geißler. Ein meisterhaftes Psychogramm kam ans Licht durch die nicht nachlassenden Fragen, das Ausweichen und halbe Antworten. Auch die jesuitische Ausbildung des Generalsekretärs der CDU kam zur Sprache. Ach, meine lieben Jesuiten! Für wen alles sind sie verantwortlich? Für Goebbels, Barzel, aber auch meinen Freund Oskar Lafontaine? Es war nach der großen Hitze des Tages plötzlich ganz kalt im Raum nach diesem Gespräch. Die nächsten beiden Jahre bis zur Bundestagswahl werden heiß werden, heiß von böser Hitze.

12. 6. 1985. Es gibt schon, wie sollte es anders sein, eine gewisse Routine bei den Kirchentagsvätern: Mittwoch die Ankunft im Hotel und die ersten Begegnungen mit alten Freunden – diesmal neben meinem Bischof, den ich ja in Berlin selten sehe, Beyers-Naudé aus Südafrika und ganz intensiv Günter Gaus. Dann der Eröffnungsgottesdienst und das unbeschreibliche Getümmel in der Stadt. Düsseldorf, das dem Ansturm der Menschen, jungen Menschen ohne Autos, überhaupt nicht gewachsen war. Der erste Arbeitstag auf dem Messegelände, so viel Freundlichkeit wie sonst nirgends in diesem Lande – und das eine, das einmalige Erlebnis des Gesprächs mit Stephan Hermlin. Man muß sich das vorstellen:
Die Riesenhalle mit 7000 Menschen, und wir beide mit Gerhard Rein vom Süddeutschen Rundfunk an einem Tisch, miteinander redend, als wären wir ganz allein, und doch wissend, daß die Tausende zuhören, die Gutwilligen, natürlich, aber auch die Aufpasser, die Spalter Deutschlands, die jeden Tag von Wiedervereinigung sprechen, und natürlich Aufpasser aus der DDR. Was würden sie nun sagen? Wie würden sie umgehen mit den großen Tabus dieses Volkes auf beiden Seiten? Hermlin hatte es ja viel schwieriger als ich, ungewohnt im Umgang

mit einem solchen Auditorium, für mich war es eine Art »Heimspiel«. Das Eis war ganz dünn. Ein falsches Wort, und wir konnten einbrechen. Aber wir kamen hinüber ans andere Ufer: er, der Kommunist, Schriftsteller und angesehener Bürger in der DDR, ich mit meinem umgetriebenen Leben im Westen. Wir gingen die Jahre entlang, so verschieden erlebt und doch so nah in den gemeinsamen Erfahrungen, Wertungen, Verletzungen, Hoffnungen. Die meisten Zeitungen haben nicht mitbekommen, was hier möglich gewesen war, über die Gräben hinweg, oder sie haben es gerade deshalb verschwiegen. In der Bundesrepublik, in dieser Öffentlichkeit und Offenheit – ich weiß nicht, ob es ein solches Gespräch schon einmal gab.
Bevor wir endeten, ganz im Gegenwärtigen und Praktischen, habe ich das Beispiel gebracht, das merkwürdigerweise alle sofort verstanden: »Wenn wir in übersehbarer Zukunft dazu kämen, daß aus dem Bahnhof Friedrichstraße mit seinen absurden Kontrollen etwas werden könnte wie der Badische Bahnhof in Basel, was wäre das für ein Wandel!« Ja, ich meinte einen gesicherten Übergang in beiden Richtungen, ein gemeinsamer Bahnhof beider deutscher Staaten auf dem Hoheitsgebiet der DDR – mit allen Konsequenzen für beide Seiten. Stephan Hermlin hatte sofort begriffen. Es entstand eine atemlose Stille. Dann: »Ja, das könnte ich mir schon vorstellen. Aber bis dahin gibt es viele notwendige Schritte«, so etwa. Und dann ein Beifallssturm. Das Gespräch war zu Ende. Als Gerhard Rein Stephan Hermlin dankte, erhoben sich die Tausende. Ich ging auf Hermlin zu, zögernd, da merkte ich, daß er mir auch nicht nur die Hand geben wollte. Wir umarmten uns.
Sind dies nun nur Emotionen? Natürlich, natürlich auch das. Aber auf dem festen Boden großer Nüchternheit, wissend um alle Mißverständnisse, allen Haß, der jedem entgegenschlägt, der den Illusionen der vielen nicht zu folgen wünscht.
Wir gingen hinaus. Es war eisig kalt, Regen, Dunkelheit. Aber ein Stück Hoffnung, ja, ein großes Stück Hoffnung war gewachsen. Danach noch die »Liturgische Nacht« bei amnesty interna-

tional. Ich gestehe, es war dort für mich schwierig. Sie tanzten schon durch den Saal. Fernando Cardenal redete dann, der Bruder von Ernesto. Nicaragua. Unendlich gefährdeter heute als wir. Aber es war seltsam weit weg für mich. Ich sah immer noch den neuen Bahnhof Friedrichstraße vor mir mit durchlaufenden Zügen, ohne Wachtürme, menschlich, freundlich. Ich ging bald ins Hotel zurück. Wann wird die Vernunft siegen? Meine Eröffnungspredigt soll hier abgedruckt werden:

»Ich habe diese Predigt vor ein paar Tagen in einem kleinen Hotel im Siegerland aufgeschrieben. Das Land vor meinem Fenster in der Sonne, singende Vögel, das Rauschen auf einer Autostraße nur ganz von fern, und den schlafenden Hund zu Füßen. Und ich habe mir vorgestellt, wie ich nun heute vor euch in dieser Halle stehen werde, vor so vielen Menschen, die wieder oder zum ersten Mal gekommen sind zu dem riesigen, fast unübersehbaren Unternehmen ›Kirchentag‹ mit seinen Hunderten von Veranstaltungen und dem großen Markt von Meinungen und Aktivitäten – ihr lieben Leute, jetzt noch frisch und erwartungsvoll, am Sonntag dann sicher etwas müde, vollgeredet, wenig geschlafen, aber hoffentlich ein bißchen glücklich, daß ihr hier dabei wart!
Was kann ich euch nun zum Anfang dieser langen Tage und kurzen Nächte sagen?
Nun, das Kirchentagspräsidium hat uns, wie sich das gehört, einen Predigttext vorgeschrieben, einen großen, gewaltigen, für viele von uns fast zu gewaltigen Text. Aber ich wünsche uns, daß er uns begleiten könnte und wir ihn auch zu Hause, aus Düsseldorf zurückgekehrt, nicht vergessen. Er heißt so (1. Kor. 8, Vers 6):

›So haben wir doch nur einen Gott, den Vater, von welchem alle Dinge sind und wir zu ihm; und einen Herrn, Jesus Christus, durch welchen alle Dinge sind, und wir durch ihn.‹

Ja, das ist sehr hochgegriffen. Nur *einen* Gott? Nur *einen* Herrn? Und *alle* Dinge und wir zu ihm und durch ihn? Alle? Das ist, nimmt man es wörtlich – und ich gehöre zu den altmodischen Menschen, die ihre Bibel wörtlich lesen –, eine Ausschlußformel wie das erste Gebot – keine andern Götter neben ihm –, und das ist ein Bekenntnis. Ein schwieriges, aufregendes, das Leben veränderndes Bekenntnis. Gut, daß wir diese Erde nicht geschaffen haben, mag hingehen. Die Theorien der Wissenschaftler stoßen auch heute noch an die eherne Grenze des Ursprungs allen Lebens. Aber wir können und tun doch fast alles, um diese Grenze zu erreichen oder zu überschreiten. Und wir tun doch auch alles, längst alles, alles, um diese Schöpfung zu zerstören. Ich brauche das Ausmaß dieser Zerstörung hier nicht noch einmal vorzuführen. In diesen Tagen wird hoffentlich klar genug davon die Rede sein. Vom Krieg der Sterne bis zur nächsten Mülldeponie, von Reagan und Gorbatschow bis zum rasenden Autofahrer und Tausenden von Verkehrstoten, der Katalog ist lang und furchtbar. Und noch furchtbarer ist das lächelnde Verschweigen des Ernstes dieser Zerstörung, das Herunterspielen, die halben und ganzen Lügen, mit denen wir abgespeist werden – vom Raketenunglück in Heilbronn bis zu einer kleinen zusammengestürzten Kirche im Bayerischen.
Ja, so sagt unser Text, wenn wir Menschen die Tiere und Pflanzen und Wasser und Luft zerstören und vergiften, bekommen wir es mit einem zu tun, ›von welchem alle Dinge sind und wir zu ihm‹. Nicht nur mit Reagan und Kohl, mit Gorbatschow und Honecker, sondern mit ihm, dem Vater, dem man seine Kinder tötet, seine Geschöpfe umbringt, seine Schöpfung vernichtet. Unser Bekenntnissatz ist also zuerst ein strenger Gesetzessatz. Wie das erste Gebot! Wenn doch bei den Diskussionen vor und nach dem 8. Mai ein wenig spürbar geworden

wäre, daß es wohl der Zorn Gottes war, der die Frevler damals in die Finsternis stieß. Und nun auf uns liegt, auch auf den Jüngeren, die nichts, aber auch gar nichts mit den Sünden der Väter und Großväter zu tun haben wollen. Ja, so ist es. Doch wenn man sich darauf einließe, dieses Bekenntnis des einen Schöpfers, durch den und zu dem alles ist, was ist, ernst zu nehmen, dann rührt man ja in allem Lebendigen das Leben der Welt, seiner Welt an. Dann erscheint in jedem menschlichen Antlitz das Bild Gottes: in den Augen der geliebten Frau oder des geliebten Mannes, in den Schmerzenszügen der gequälten Schwarzen in Südafrika, der mordenden und gemordeten Menschen im Nahen Osten, in den verhungerten Kindern quer über die Dritte Welt – das Bild Gottes – als Bild des Menschen, des Tieres, der Pflanzen. Ich hoffe, wir spüren, was das bedeutet.
Und wer nun fragt, was hilft uns das? Wer ist denn Gott? Was haben wir von dieser irrationalen Dimension? Nun, dem antworte ich, wie schon so oft: Ich kenne Gott auch nicht. Ich habe ihn nie gesehen. Das Alte Testament wagt nicht einmal, seinen Namen zu benennen. Es gibt kein Bild von ihm. Und darum ist es so gut, daß unser Text noch nicht zu Ende ist und wir nun den Namen hören, den wir kennen, einen menschlichen Namen, den Namen des geliebten Sohnes Gottes, Jesus Christus:
›Und wir haben einen Herrn, Jesus Christus, durch welchen alle Dinge sind und wir durch ihn.‹
Eigentlich ist dieser zweite Satz noch unerhörter als der erste. Denn nun wird dieser Mensch Jesus Christus die Brücke zur Schöpfung, zu der Möglichkeit, anders in ihr und mit ihr zu leben, nach seinem Vorbild. Ja, er schafft mir eine neue Welt, eine Gegenwelt, die doch diese Welt mit allen ihren Hoffnungen und Ängsten, Herrlichkeiten und Schrecken einschließt. Dieser zweite Halbsatz ist ein großes Evangelium. Denn wenn das wahr ist, daß dieser

Jesus, von Kaiphas angeklagt und von Pilatus verurteilt und auch zu Tode gebracht, der sein soll, ›durch den alle Dinge sind und wir durch ihn‹, dann gibt es kein Grauen in der Welt, das ich nicht überwinden kann. Dann wird mein armseliger Versuch, zu lieben, wo andere hassen, barmherzig zu sein, wo andere verurteilen, aufzubauen und zu erhalten, wo andere zerstören, ermutigt, ja erst wirklich möglich gemacht. Es ist ja deshalb kein Zufall, daß die Leute, die versuchen, Christen zu sein, nun überall dort zu finden sind, wo der Kampf um die Schöpfung Gottes ausgetragen wird. Weniger ihre hohen Dienstgrade, aber um so mehr, seit dem Kirchentag in Hamburg, die vielen, ihr hier in dieser Halle, ja, ihr hoffentlich auch.
Wir sind da mit vielen anderen zusammen. Atheisten, Humanisten, Idealisten. Wir sind froh darüber. Kein Wort des Hochmutes. Der Mann, der Gott leugnet, steht mir näher als der Mann, der das ›C‹ für eine zutiefst unchristliche Politik mißbraucht. Aber bitte sehr: Wir, die wir diesen Kirchentag nun feiern werden unter der anspruchsvollen Losung: ›Die Erde ist des Herrn‹, wir sollten neben allen andern Kampfgefährten auch den Mut zu dem Bekenntnis haben, die diese Losung auf ganze fünf Worte verdichtet: Es gibt nur den Einen, diesen lebendigen, in Jesus menschlich gewordenen Herrn. Merkt ihr, wie herrlich das sein könnte, wenn wir das glauben, leben, in die Tat umsetzen würden? Welche Befreiung? Wie die Ketten springen? Und wie klein plötzlich die werden, die sich für die Herren der Welt halten und die, genauer gesagt, doch Zwerge sind, oder liebevoller: auch Geschöpfe Gottes, ja, sie auch, sie, die Reagans und Kohls, die Gorbatschows und Honeckers? Wollen wir es ihnen nicht fröhlich sagen, fröhlich und sehr ernst, sehr ernst?«

1965

Die Ohnmacht der Mächtigen, die Macht der Ohnmächtigen. Ich war nicht, wie manche Leute meinen, als Regierender Bürgermeister, sondern als sein Stellvertreter auf der Höhe der »Macht«, was immer das sein mag. Willy Brandt war selten in Berlin, ein oder zwei Tage in der Woche. Seine Gedanken und seine Kraft richteten sich zum zweiten Mal auf das Ziel, die Bundestagswahl zu gewinnen. Der strahlende Sieger der Berliner Wahlen von 1963 mit bayerischen Ergebnissen für ihn und die SPD – nun wieder unterwegs wie 1961, als sie die Mauer bauten, mitten in den westdeutschen Wahlkampf hinein. Ich saß im Rathaus, war außerdem Polizeisenator, konnte entscheiden, aber stand doch nicht als der Erste im Licht der Öffentlichkeit. Die Partei focht mich wenig an. Brandt deckte mich, auch wenn ich einmal viele Meter vor der Front der anderen marschierte.
Aber was ist Macht? Ich glaubte, die Stadt nun zu kennen, und merkte nicht, was schon ein Jahr später offen ausbrach: der Widerspruch der Jungen, wenigstens der Studenten, gegen die immer deutlicher werdende Unglaubwürdigkeit gerade dieser Stadt Berlin (West). Der Hort der Freiheit und aller demokratischen Werte, willig fixiert auf die amerikanische Schutzmacht, die gleichzeitig in Vietnam eine Marionette gegen das Volk hielt in einem barbarischen Krieg. Die »Freie Universität Berlin«, die wie alle Neugeadelten mit immer größerer Starrheit die Privilegien der Professoren verteidigte. Die eigene Partei, die längst zu einer Laufbahnpartei des öffentlichen Dienstes entartet war.
Ich saß in meinem schönen Arbeitszimmer im Rathaus und »regierte«. Der satten Mehrheit im Abgeordnetenhaus war ich zwar immer noch ein ungeliebter Partner. Aber sie haben sich an mich gewöhnt, sogar an meinen schwarzen Humor. Einige redeten davon, ich sollte im Falle eines Wahlsieges von Willy Brandt dessen Nachfolger werden.

Aber er verlor zum zweiten Mal. Das Gift persönlicher Angriffe hat wieder gewirkt: Herbert Frahm, der Landes- und Hochverräter in norwegischer Uniform, das uneheliche Kind, alle diese infamen Geschichten, von scheinheiligen Christen und Deutschnationalen unter die Leute gebracht, hatten noch einmal Erfolg. Die Macht der Mächtigen. Ich werde die Nacht vom Dienstag zu Mittwoch nach dem Wahlsonntag nie vergessen. Eine kleine Gruppe von Freunden war nach Bonn gereist, um den Geschlagenen zu beschwören, daß er nicht aufgeben dürfe. Wir waren überzeugt, daß ein Ausscheiden Brandts aus der Politik, womöglich ein Weggehen in die Heimat seiner Frau, seine zweite Heimat, eine furchtbare Niederlage für die Bundesrepublik und für Westberlin bedeutet hätte. Ich bot ihm an, meine Stellvertreterfunktion auf das notwendige Maß der Vertretung bei Abwesenheit des Regierenden Bürgermeisters zurückzunehmen, zum Fehrbelliner Platz als Innensenator zurückzukehren – er solle nun ganz in Berlin arbeiten für eine Weile. Im Morgengrauen, todmüde, gab er nach. Gott sei Dank! Was wäre sonst aus dem geteilten Deutschland und Europa geworden!
Aber auch dies unvergeßlich: Ich holte ihn am Freitag auf dem Flugplatz in Tempelhof ab. Er war grau und wie ausgebrannt. Wir schwiegen auf der Fahrt, gingen zusammen zu seinem Zimmer hinauf. Der Schreibtisch war leer. Nur die Zeitungen lagen wohlgeordnet auf dem Tisch. Ich ließ ihn allein. Die Ohnmacht der Mächtigen? Ein gutes Jahr später war Willy Brandt Bundesminister des Auswärtigen in der Großen Koalition des Herrn Kiesinger – und ich saß an seinem Tisch, elf Monate. Es war die schlechteste Antwort auf die Rebellion der jungen Leute, die gegeben werden konnte.
Vielleicht, weil ich dies alles erlebt habe, antworte ich heute, nach 20 Jahren ganz anderer Erfahrungen, so fröhlich auf die Frage nach der umgekehrten Lage: die Macht

der Ohnmächtigen? Ja, auf Dauer ist sie die Stärkere. Sogar in unserm Lande, in dem es niemals eine Revolution gegeben hat und wohl auch nicht geben wird. Ja, das weiche Wasser bricht den Stein.

1975

Nun gab es keine Macht mehr. Ich saß in meinem stillen Amtszimmer des Pfarrhauses von Schlachtensee. Wie sehr habe ich es nach all den Chefbüros geliebt – in seiner spartanischen Kargheit. Ein alter Schreibtisch, davor der Stuhl aus den ersten Jahren im Flüchtlingsamt in Celle. Vier einigermaßen bequeme Stühle. Wenige Bücher in einem billigen Regal. Poster an den Wänden. Die Tür führte aber auf eine große Terrasse, und dahinter lag, verwildert und schön, der alte Garten mit seinen großen Bäumen. So war es kühl im Sommer, gut geheizt im Winter, wohlbehütet durch Frau Engelmann im Gemeindebüro, die sich nun gewöhnen mußte an den seltsamen neuen Pfarrer, den die Leute zuweilen noch mit »Herr Bürgermeister« ansprachen.
Der Ring hatte sich geschlossen, und ich war wieder zu Hause. Ich hatte fast jeden zweiten Sonntag zu predigen. Ich ging auf die Friedhöfe, viel zuwenig, wie ich zugebe, in die Häuser, etwa zu den üblichen Besuchen bei runden Geburtstagen. Aber dafür kamen genügend Menschen zu mir, meistens junge Leute, damals, als der Terror begann und mich im Februar 1975 selbst einholte.
Alle Gespräche damals waren sehr offen, sehr nüchtern. Ob ich ein guter Seelsorger war, weiß ich nicht. Oft verließ mich die Geduld beim stundenlangen Zuhören. Oft habe ich auch etwas zu hart reagiert – bei dem überfließenden Selbstmitleid so vieler junger Besucher. Aber ein Teil dieser bunten Schar saß dann plötzlich in meinen Gottesdiensten – auch schon vor dem Flug nach Aden, dann freilich in großer Zahl,

gemischt mit Neugierigen, die mich wohl als eine Art Touristenattraktion einstuften.
Im großen Berlin sind die Grenzen zwischen den Gemeinden immer fließend gewesen. Man ging zu »seinem« Pfarrer. Aber für die Ortsgemeinde war ich zuständig – für dieses Schlachtensee mit seiner akademischen Oberschicht und doch viel verborgener Armut in den unzähligen Altenheimen. Sie wählte mit Mehrheit CDU, in den letzten Jahren also ihren Wahlkreiskandidaten, Herrn Lummer. Aber merkwürdigerweise kam es zu keinem Aufstand gegen die Pfarrer, die im Jahr der Hetze gegen Bischof Scharf natürlich voll auf seiner Seite standen. Er hatte Ulrike Meinhof besucht, und von Professoren der Kirchlichen Hochschule und sogar dem Generalsuperintendenten Hellwig war sein Rücktritt gefordert worden. Am Heiligen Abend dieses schwierigen Jahres drangen Demonstranten zum Altar vor und störten den vom Fernsehen übertragenen Gottesdienst. Wir hielten auch dieses Spektakel gelassen aus.
Aber natürlich gab es auch bei uns die endlose Diskussion über den politischen Auftrag der Gemeinde. Meistens redeten die, die niemals eine Predigt von meinen Kollegen oder von mir gehört hatten. So wie ja auch in den Zeitungen Journalisten über kirchliche Vorgänge berichten, die davon – mit wenigen Ausnahmen – soviel verstehen wie ich von Elektrophysik.
Ich habe alles versucht, das Selbstbewußtsein der Gemeinde zu stärken. Sie ist nach evangelischem Verständnis frei von jeder Hierarchie, nur an das Wort Gottes gebunden. Das ist natürlich schwierig durchzuhalten. Wir sind immer noch eine Pastorenkirche – cuius regio, eius religio –, das gilt auch noch immer in jeder Gemeinde. Drei Beispiele: Sie war ganz leicht davon zu überzeugen, daß es keinen Gottesdienst geben dürfe, *in* dem nicht das Abendmahl gefeiert würde. Nicht als ein Anhängsel alle vier Wochen für ein paar besonders fromme Leute, sondern als wesentlicher Be-

standteil des Gottesdienstes. Diese Neuerung hat sich durchgesetzt mit höchst erfreulichen Nebenfolgen – die Predigten werden kürzer, und wenn sie nicht so gut sind, wie sie wohl sein sollten, unter Brot und Wein wird der Herr Jesus Christus gegenwärtiger als in allen unzulänglichen Worten der Theologen.

Zweites Beispiel: Der Gemeindekirchenrat hat ohne Zögern das Gemeindehaus für einen tagelangen Hungerstreik von Studenten der Evangelischen Fachhochschule für Sozialarbeit geöffnet. Sie wollten auf die unsäglichen Verhältnisse dieser Hochschule aufmerksam machen.

Drittes, schwierigstes Beispiel: An einem Gemeindeabend trug eine vom Berufsverbot betroffene Lehrerin ihre Nöte vor. Neben allen Belastungen hätten die Inkriminierten auch keinen Raum, in dem sie ungestört und ohne Spitzel ihre Erfahrungen austauschen könnten. Ich überzeugte den Gemeindekirchenrat, daß wir den jungen Leuten einen solchen Raum zur Verfügung stellen sollten. Und so tagten sie einmal in der Woche bei mir, oft in meiner Anwesenheit. Ich selbst stand unter »Personenschutz«, wohl auch, um jeden meiner Schritte überwachen zu können nach dem Flug nach Aden. So ergab sich die absurde Situation: ich zusammen mit den vom Radikalenerlaß verfolgten Kommunisten in einem Zimmer des Gemeindehauses, und vor der Tür der Kriminalbeamte zu meinem Schutz. Aber Ordnung muß sein. Dafür erschien dann der Vorstand unserer Westberliner Kommunisten, der SEW, zu meinem Abschied aus dem Amt.

Nur: Das ist die offene Kirche und Gemeinde, keine Festung der Rechtgläubigen und Frommen. Aber ein Haus, eine Gemeinschaft, die ebenso wie ihr Herr niemand ausgrenzt. »Heute noch wirst Du mit mir im Paradiese sein.« Das hat Jesus nicht zu Pilatus oder Kaiphas, sondern zu einem Mörder gesagt. Diese Freiheit also, in einer unlösbaren Bindung, habe ich noch einmal erleben dürfen. Ich schied

dann trotzdem vorzeitig aus, in den »Ruhestand«. Viele haben das nicht verstanden. Aber ich konnte und wollte die Gemeinde nicht noch mehr belasten mit dem, was nun kam und was vorauszusehen war: Mutlangen und Heilbronn, die öffentliche Aufforderung, den Wehrdienst zu verweigern, und so vieles andere Unsagbare.
Jetzt darf ich noch dann und wann den Gottesdienst halten in Schlachtensee. Diese schlichte, kleine Gemeindekirche ist das innerste Zuhause. Ich stehe am Altar, und wir teilen Brot und Wein. Der Himmel wird faßbar und die Erde zum Himmel. So ist es.

17. Juni 1985

Das übliche Bild der Bundesrepublik an diesem Tage: ein verlängertes Wochenende, das Hotel voll bis ins letzte Zimmer. Fragte ich bei Tisch, was heute eigentlich gefeiert wird, wären die Antworten kümmerlich, nicht nur bei den Jungen. Der übereilte Beschluß, dieses Datum zum nationalen Gedenktag zu machen, hängt uns nun an, jedes Jahr peinlicher. Aber keiner wagt, ihn zu ändern. Denn die Gewerkschaften haben ihn zum Freizeitbesitzstand erklärt. Dafür sind die Arbeiter 1953 wohl nicht auf die Straße gegangen. Es gäbe noch viel zu sagen zu diesem Thema, aber meine Frau meint, es sei schon genügend Bitterkeit in diesem Buch.
Also dann von gestern, Sonntag, in Hannover. Der Bundeskanzler feiert sein Festhalten an diesem Besuch des Schlesiertreffens als Heldentat. Er sagt die üblichen Formeln auf: Festhalten an den (ungeliebten) Ostverträgen, die er bis zum letzten Augenblick bekämpft hat, aber ohne Friedensvertrag – wer soll ihn mit wem schließen? – keine endgültige Ordnung in Europa und damit für Deutschland. Von der großartigen Rede des Bundespräsidenten wird nur ein einziger Satz zitiert: »Solange das Brandenburger Tor geschlossen ist, bleibt die deutsche

Frage offen«, nichts sonst. Und jeder kann nun wieder heraushören, was ihm in seinen Kram paßt.

Wird dieses Buch eines Schlesiers irgendwas bewirken können, etwas mehr Nachdenklichkeit, etwas mehr Vernunft? Es ist voller Gefühle, ich weiß es. Aber es will Vernunft, Vernunft. Etwas mehr Lernfähigkeit, etwas mehr Hinschaun auf das, was ist. Ja, etwas mehr Liebe zu diesem Land, und etwas weniger Mißbrauch von Vergangenem für eine Zukunft von Illusionen, die zerrinnen werden, wie Wasser im Sand.
»Heimat«, das Wort kommt selten vor auf diesen Seiten. Wo ist »Heimat«? Ich sitze hier mitten in Deutschland. Vor dem großen Fenster, zum Greifen nahe, das frische, vom Regen ganz frische Grün des Buchenwaldes. Eine lebende, rauschende, sich bewegende, im Wind sich bewegende Wand. Ich habe nach der Anstrengung des Kirchentages viele Stunden nichts getan als sie anzuschaun, ihr zuzuhören. Auch in Schlesien gibt es diese Wälder, in Pommern zwischen Meer und bebautem Land.
»Eine zerstörte Brücke. Hinter mir ein fast verfallenes Dorf mit einer alten Schrotholzkirche. Vor mir verwachsenes Uferland auf beiden Seiten eines kümmerlichen Rinnsals – der Görlitzer Neiße. Friedensgrenze zwischen der Deutschen Demokratischen Republik und der Volksrepublik Polen. Für jeden normalen Verkehr zwischen Deutschen (Ost) und Polen gesperrt. Hinter dem Ufer, drüben also, im jetzt Polnischen, in vielleicht einem Kilometer Entfernung, im Sonnendunst auch eine Kirche, ganz allein, ohne Ort, nichts, nur diese Kirche...«
So begann das Buch. Im Buchenwald des Hochsauerlandes endet es. Was hat die grüne, frische Wand des Waldes mit jener Grenzwüste zu tun? Alles, alles. Aber der Weg ist weit, um es zu begreifen.